Schritte PLUS NEU 1–4

Niveau A1–A2

Deutsch als Zweitsprache

Zusammenleben in Österreich

Werte-Dialog

Kopiervorlagen

Roland Fischer

Hueber Verlag

interkulturelle Beratung:
Frauke Büttner, Berlin

3. 2. 1. | Die letzten Ziffern
2021 20 19 18 17 | bezeichnen Zahl und Jahr des Druckes.
Alle Drucke dieser Auflage können, da unverändert, nebeneinander benutzt werden.
1. Auflage

Umschlaggestaltung: Sieveking · Agentur für Kommunikation, München
Zeichnungen: Mascha Greune, München
Gestaltung und Satz: Sieveking · Agentur für Kommunikation, München
Druck und Bindung: Kessler Druck + Medien GmbH & Co. KG, Bobingen
Printed in Germany
ISBN 978-3-19-391081-3

Art. 530_24523_001_01

Vorwort

Mit *Zusammenleben in Österreich – Werte-Dialog* legen wir Ihnen Unterrichtsmaterial zum Werte- und Orientierungswissen in Österreich vor. Die Arbeitsblätter können kopiert und nach Bedarf verteilt oder als Arbeitsheft kursbegleitend eingesetzt werden. Sie eignen sich für alle Kurstypen, in denen mit Schritte PLUS NEU 1–4 Österreich unterrichtet wird.

Im Inhaltsverzeichnis finden Sie einen Hinweis, ***ab*** wann auf A1-Niveau die Arbeitsblätter eingesetzt werden können. Von da an eignen sie sich immer dann zum Einsatz, wenn Fragen zum alltäglichen Miteinander, zum Werte- bzw. zum Orientierungswissen im Kursunterricht auftreten. Die Arbeitsblätter 31–33 sind mithilfe der Übersetzungen lektionsunabhängig einsetzbar.

Zu den Arbeitsblättern gibt es ausführliche Unterrichtspläne mit interkulturellen sowie fachlichen Hintergrundinformationen zum Einsatz im Unterricht. In diesen Unterrichtsplänen finden Sie auch immer die zu den Aufgaben passenden Übersetzungen in den Ausgangssprachen der Kursteilnehmer/innen.

Text in Ihrer Sprache

bedeutet, der deutsche Text liegt den Kursleiterinnen und Kursleitern auch in Ausgangssprachen der Kursteilnehmer/innen in den Unterrichtsplänen als Kopiervorlage vor. Gelb markierte Schlüsselwörter in den Texten kommen auch in den Aufgabenstellungen vor.

Die Unterrichtspläne und alternativ auch die Arbeitsblätter gibt es als PDF-Downloads im Lehrwerkservice zu Schritte PLUS NEU Österreich.

Viel Freude beim Entdecken von kultureller Vielfalt wünschen Ihnen
Autor und Verlag

Inhaltsverzeichnis

Arbeitsblatt	ab Lektion in Band 1 und 2	Themen	Lernziele: Werte- und Orientierungswissen	Seite
1, Seite 1, 2	1 A	sich begrüßen: Bedeutung und Konventionen	*Regeln der Begrüßung und der Verabschiedung, z. B. Handgeben Mann/Frau*	7
2	1 A	miteinander kommunizieren: Anrede – *Sie oder du?*	*gesellschaftliche Gepflogenheiten, Regeln, Konventionen, die für das Zusammenleben im Alltag üblich sind … Anrede Sie/du*	9
3, Seite 1, 2	2 D	zusammenleben in Partnerschaften: zwei- und gleichgeschlechtlich	*Jeder Mensch kann in Österreich das eigene Leben z. B. seine Sexualität selbst bestimmen. Niemand kann zu einer Ehe / Partnerschaft gezwungen werden.*	10
4	2 D	zusammenleben in verschiedenen Familienformen	*verschiedene Formen von Familie und des partnerschaftlichen Zusammenlebens (als Fortsetzung von Arbeitsblatt 3)*	12
5, Seite 1, 2	3 E	Lebensmittel: Vorlieben, Konventionen, Allergien	*Respekt vor Selbstbestimmung und Entscheidungsfreiheit des Einzelnen: Ernährungsgewohnheiten*	13
6, Seite 1, 2	4 Fokus	zusammenleben in Hausgemeinschaften mit Hausordnungen	*Zusammenleben und Rücksicht: Hausordnung – Umgang mit interkulturellen Unterschieden*	15
7	5 C	zusammen Deutsch lernen, individuelle Ziele für Männer und Frauen	*Vorteile des Deutschlernens erkennen / Gleichberechtigung im Bildungssystem*	17
8	5 C	rücksichtsvolles Leben in der Gemeinschaft – Pünktlichkeit	*gesellschaftliche Gepflogenheiten, Regeln, Konventionen im Alltag: Pünktlichkeit*	18
9	5 E	Kindererziehung – eine gemeinsame Aufgabe von Männern und Frauen	*Gleichstellung der Gechlechter / Chancengleichheit im öffentlichen sowie im privaten Leben; Gleichwertigkeit der Aufgaben und Entfaltungsmöglichkeiten*	19
10	6 D	Freizeit und Hobby – gleiche Chancen für Mädchen und Buben	*Gleichberechtigung / Geschlechterneutralität in allen Lebensbereichen: grundsätzlich die gleichen Rechte und Möglichkeiten auch (und insbesondere) für Kinder: Sport, Musik usw.*	20
11, Seite 1, 2	7 E	Kindergarten- und Schulpflicht, Chancen für unsere Kinder	*Schulpflicht (9 Jahre), Kindergartenpflicht sowie Mitwirkungspflicht der Eltern, Regeln zum Fernbleiben der Kinder vom Schulunterricht / kostenlose Schulbildung*	21
12, Seite 1, 2	7 E	Schule: Mädchen und Buben lernen zusammen; Religionsunterricht	*Geschlechterneutralität in der Schule / Religionsfreiheit*	23

Arbeitsblatt	ab Lektion in Band 1 und 2	Themen	Lernziele: Werte- und Orientierungswissen	Seite
13, Seite 1–6	8 A/B	zusammenleben in der Arbeitswelt, Rechte und Pflichten	*Gleichstellung der Geschlechter: Ausbildungsvoraussetzungen, Ausbildungsberufe, Ausbildungswege, Pflichten von Arbeitnehmern und Selbstständigen in Bezug auf die Solidaritätsgemeinschaft, Genderneutralität bei Entfaltungsmöglichkeiten*	25
14, Seite 1–3	9 C	zusammenleben: Respekt und Höflichkeit	*gesellschaftliche Gepflogenheiten, Regeln, Konventionen im Alltag: Höflichkeit*	31
15, Seite 1, 2	9 C	sicher zusammen leben: Dokumente und Ausweise	*Recht und Gesetz: der Umgang mit Dokumenten*	34
16, Seite 1–3	9 C	Kinder und Jugendliche in der Gesellschaft: *dürfen* und *müssen*	*Recht und Gesetz: Geschlechterneutralität: Was dürfen Kinder und Jugendliche? / Strafen bei Verstößen gegen das Gesetz*	36
17, Seite 1, 2	10 C	füreinander da sein: Gesundheitsversorgung für Kranke und Gesunde	*Gesundheitssystem: Vorteile der Gesundheitsversorgung erkennen und wahrnehmen / Persönlichkeitsschutz und Genderneutralität*	39
18	10 D	füreinander da sein: Krankmeldung – Schutz, Rechte und Pflichten	*Recht und Gesetz: Rechte und Pflichten im Krankheitsfall*	41
19, Seite 1, 2	10 E	füreinander da sein: Notfälle und schnelle Hilfe	*gesellschaftliche Gepflogenheiten, Regeln, Konventionen im Alltag: die Pflicht zu helfen / Möglichkeiten, Hilfe zu bekommen*	42
20, Seite 1, 2	10	füreinander da sein: Freiwilligenarbeit	*Möglichkeiten und Chancen des Ehrenamts*	44
21	11	zusammenleben: Schwarzfahren geht nicht	*Recht und Gesetz: Rechte und Pflichten im öffentlichen Verkehr*	46
22	11	rücksichtsvolles Leben in der Gemeinschaft: das soll man (nicht) tun	*Gesellschaftliche Gepflogenheiten, Regeln, Konventionen und Gesetze, die für das Zusammenleben im Alltag üblich sind: verboten oder erlaubt?*	47
23, Seite 1–3	12	zusammenleben: der besondere Schutz von Frauen und Kindern	*Gleichberechtigung / Geschlechterneutralität in allen Lebensbereichen: das Zusammenleben in der Familie / Schutz vor Gewalt / Hilfe in Notsituationen*	48
24	12	zusammenleben: Arbeit und Kinderbetreuung	*Gleichberechtigung / Geschlechterneutralität: Unterstützung von Familien in der Kinderbetreuung*	51
25, Seite 1, 2	12	sicherer Umgang mit dem Geld	*gesellschaftliche Gepflogenheiten, Regeln und Gesetze im Umgang mit Geld*	52

Inhaltsverzeichnis

Arbeitsblatt	ab Lektion in Band 1 und 2	Themen	Lernziele: Werte- und Orientierungswissen	Seite
26, Seite 1–3	13 B	das richtige Gewand: Konventionen und Schutz vor Zwang und Missbrauch	*Gleichberechtigung / Geschlechterneutralität in allen Lebensbereichen: freie Kleiderwahl, Schutz vor Übergriffen, Bedeutung und Signale von „wenig" Gewand erkennen*	54
27, Seite 1, 2	14 E	religiöses Miteinander: Privatsphäre und Schutz vor Zwang	*Recht und Gesetz: staatlicher Schutz der Religionen / Schutz des Einzelnen vor Religionen*	57
28, Seite 1, 2	14 E	zusammenleben: Gastgeschenke und Gesten des Danks	*Gesellschaftliche Gepflogenheiten, Konventionen, die für das Zusammenleben im Alltag üblich sind.*	59
29, Seite 1, 2	14 E	rücksichtsvolles Miteinander: das Problem mit dem Müll	*Gesellschaftliche Gepflogenheiten, Regeln, Konventionen und Gesetze, die für das Zusammenleben im Alltag üblich sind: die Müllentsorgung.*	61
30, Seite 1–3		Meinungsfreiheit: Freiheit und Achtung des anderen	*Recht und Gesetz: Meinungsfreiheit – persönliche Freiheit, Selbstbestimmung und Achtung des anderen*	63
31		politisches Miteinander in Freiheit: Demokratie	*Recht und Gesetz: politisches Miteinander in Freiheit – Demokratie*	66
32		politisches Miteinander: Gewaltenteilung und Gerichtsbarkeit	*Recht und Gesetz: politisches Miteinander – Gewaltenteilung und Gerichtsbarkeit; Schutz des Einzelnen vor staatlichen Übergriffen*	67
33, Seite 1–3		die Gefahren nationalsozialistischen Gedankenguts	*Recht, Gesetz und Gesellschaft: Warum nationalsozialistisches Gedankengut verboten ist.*	68
34	Ende A1/A2	zusammenleben in Österreich, Abschluss	*abschließende Reflexionsphase*	71
			Quellenverzeichnis	72

Arbeitsblatt 1, Seite 1

1 Begrüßungen

a Wie grüßen Sie in Ihrer Heimat? Kreuzen Sie an.

A ○ 

B ○ 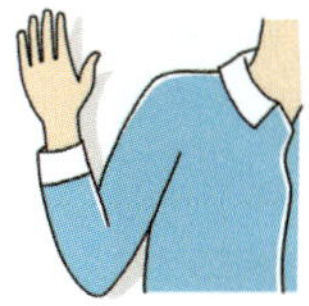

C ○ 

D ○ 

E ○ 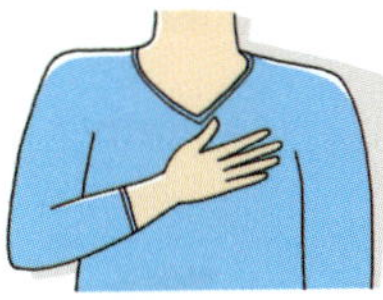

F ○ 

G ○ 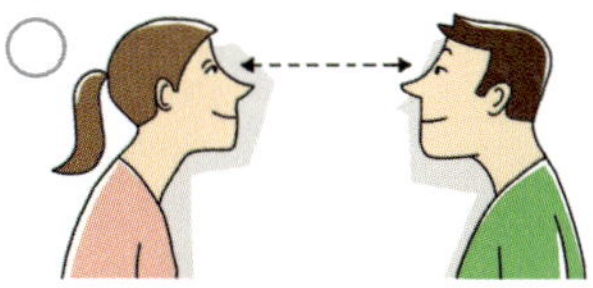

H ○ 

I ○ 

J ○ 

K ○ 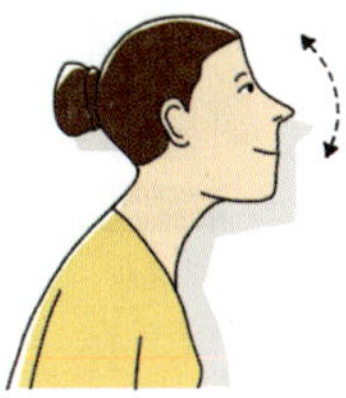

L ○ oder ...

b Was sehen Sie in Österreich? Schreiben Sie.

A ....

2 Lesen Sie den Text. Ist das auch für Sie richtig? Kreuzen Sie an.

Text in Ihrer Sprache

1 „Begrüßen" ist immer der Ausdruck von Respekt gegenüber dem anderen und eine Bekundung der friedlichen Absicht, mit der man sich dem anderen nähert. In verschiedenen Kulturen haben sich diese Rituale unterschiedlich ausgeprägt. Im interkulturellen Kontext muss man sich auf sein Gegenüber einstellen.

2 In Österreich gibt es mehrere unterschiedliche Formen des Begrüßens und Begrüßtwerdens. Diese Konventionen erleichtern den Umgang mit den Mitmenschen. Neben allgemein gültigen Formen haben auch bestimmte Gruppen ihre eigenen Konventionen.

1 ○ ☺ ja ○ ☹ nein
2 ○ ☺ ja ○ ☹ nein

3 Wie heißt das in Ihrer Sprache? Schreiben Sie.

Grüß Gott! ....
Guten Morgen! ....
Guten Tag! ....

4 Im Kurs: Begrüßen Sie die anderen mit den Begrüßungen A–L aus 1a.

Arbeitsblatt 1, Seite 2

5 Begrüßen in Österreich

a Hand geben „ja“  oder „nein“  ? Was meinen Sie? Kreuzen Sie an.

A ○ ja ○ nein

B ○ ja ○ nein

C ○ ja ○ nein

D ○ ja ○ nein

E ○ ja ○ nein

F ○ ja ○ nein

G ○ ja ○ nein

H ○ ja ○ nein

I ○ ja ○ nein

J ○ ja ○ nein

K ○ ja ○ nein

L ○ ja ○ nein

b Vergleichen Sie mit den Lösungen.

c Wie ist das für Sie? Kreuzen Sie an.

A ○ ☺ ○ 😐 ○ ☹ G ○ ☺ ○ 😐 ○ ☹
B ○ ☺ ○ 😐 ○ ☹ H ○ ☺ ○ 😐 ○ ☹
C ○ ☺ ○ 😐 ○ ☹ I ○ ☺ ○ 😐 ○ ☹
D ○ ☺ ○ 😐 ○ ☹ J ○ ☺ ○ 😐 ○ ☹
E ○ ☺ ○ 😐 ○ ☹ K ○ ☺ ○ 😐 ○ ☹
F ○ ☺ ○ 😐 ○ ☹ L ○ ☺ ○ 😐 ○ ☹

☺ Das kenne ich und verstehe ich.
😐 Das kenne ich, das ist mir aber noch fremd.
☹ Das verstehe ich nicht.

Arbeitsblatt 2

1 *Sie* oder *du*?

a Was ist richtig? Ergänzen Sie *Sie* oder *du*.

A

B

C

D

E

F

G

H

I

J

K

L

M

N

b Vergleichen Sie die Lösungen im Kurs.

c Wie ist das in Ihrer Heimat? Was ist anders? Sprechen Sie.

Bild N: Wir sagen du.

Bild K.
Großeltern, wir sagen Sie.

2 Lesen Sie den Text. Wie geht es Ihnen mit *Sie* und *du*? Kreuzen Sie an.

Text in Ihrer Sprache

- Ich kenne die Person nicht. Ich sage **Sie**.
- Ich kenne die Person, z. B. Lehrer/in, ich sage: Frau / Herr + Familienname und **Sie**.
- Zu einem Kind sage ich **du**.
- In der Familie sage ich **du**.
- Freunde / Freundinnen sagen **du**.
- In Gruppen wie Kollegen / Elternversammlungen / Elterninitiativen / Nachbarschaft / Sportvereinen gibt es meistens eine Konvention der Gruppe: Wenn man neu dazukommt, sagt man **Sie** und macht damit nichts falsch. Die anderen, die schon länger in der Gruppe sind, sagen einem dann schon, wenn es andere Konventionen gibt.

○ ☺ Ich verstehe und kenne *Sie* und *du*. Ich mache das richtig.
○ 😐 Ich verstehe und kenne *Sie* und *du*. Einmal mache ich das richtig. Dann mache ich das falsch.
○ ☹ Ich verstehe *Sie* und *du* nicht.

Arbeitsblatt 3, Seite 1

1 Arbeiten Sie zu zweit. Was meinen Sie? Wer ist „verheiratet“? Was geht? Notieren Sie wie im Beispiel und sprechen Sie.

4 + 6

4 und 6 sind verheiratet.

Nein, 4 und ...

Ja.

4 und 5 geht auch.

2 Verheiratet.

a Was meinen Sie? Geht das in Österreich oder geht das nicht? Kreuzen Sie an. Vergleichen Sie dann im Kurs.

1 Frau 15 Jahre
Mann 22 Jahre
○ ja ○ nein

2 Frau 35 Jahre
Frau 22 Jahre
○ ja ○ nein

3 Mann 35 Jahre
Mann 22 Jahre
○ ja ○ nein

4 Frau 65 Jahre
Mann 22 Jahre
○ ja ○ nein

Arbeitsblatt 3, Seite 2

Text in Ihrer Sprache

b Lesen Sie den Text. Wie ist das für Sie? Kreuzen Sie an.

1 In Österreich (Europa) heiraten immer zwei Personen. Die Ehe von drei oder mehr Personen ist verboten.
2 Ehen (heterosexuelle Partner) bzw. eingetragene Partnerschaften (gleichgeschlechtliche Paare) mit gleichen Rechten werden vor dem Standesbeamten geschlossen (Gesetz). Ehen, die nur in anderen Institutionen (z. B. Kirchen) geschlossen wurden, gelten vor dem Gesetz nicht.
3 Kinder (–18 Jahre) dürfen nicht heiraten, Personen zwischen 16 und 18 Jahren können eine gerichtliche Sondergenehmigung bekommen. Jüngere Mädchen bis 15 Jahren können keine Sondergenehmigung bekommen.
4 Keine Person darf zu einer Ehe gezwungen werden. Vor dem Standesbeamten kann jede Person noch vor der Eheschließung ihre Einwilligung zurückziehen.
5 Die freie Partnerwahl ist Ausdruck des selbstbestimmten, eigenverantwortlichen Lebens. Das garantiert der Staat Österreich.

1	○ ☺	○ 😐	○ ☹
2	○ ☺	○ 😐	○ ☹
3	○ ☺	○ 😐	○ ☹
4	○ ☺	○ 😐	○ ☹
5	○ ☺	○ 😐	○ ☹

☺ Das kenne ich und verstehe ich.
😐 Das kenne ich, das ist mir aber noch fremd.
☹ Das verstehe ich nicht.

Arbeitsblatt 4

1 Familie in der Heimat und in Österreich

a „Familie ist die Nummer 1 im Leben". Finden Sie das auch? Kreuzen Sie an und machen Sie eine Kursstatistik.

○ 👍👍👍👍👍 ○ 👍👍👍 ○ 👍

👍👍👍👍👍	👍👍👍	👍
/		

b Was ist „Familie" für Sie? Kreuzen Sie an.

1 ○ 2 ○ 3 ○ 4 ○ 5 ○

6 ○ 7 ○ 8 ○ 9 ○

c Wie leben Familien in Österreich? Was kennen Sie? Sprechen Sie mit den Bildern aus b.

Ich kenne eine Familie wie in Bild ...

Ich auch. Und ich kenne eine Familie wie in Bild ...

Ich nicht. Ich kenne ...

d Wie ist das für Sie? Ordnen Sie die Bilder 1–9 aus b zu.

Familie Nr. .... ist gut.
Familie Nr. .... verstehe ich nicht.
Familie Nr. .... gibt es nur in Österreich.
Familie Nr. .... gibt es auch in meiner Heimat.

2 Familien und ihre Tiere

a Lesen Sie. Was meinen Sie? Wer lebt auch in der Familie? Kreuzen Sie an.

A ○ Hund 
B ○ Katze 
C ○ Vogel 
D ○ Schwein 
E ○ Maus/Ratte Kaninchen 
F ○ Fisch 
G ○ Schlange 
H ○ Pferd 

Familien in Österreich. 40 % leben mit Tieren in der Familie.

b Wie viele ❤ haben Österreicher für ihr Tier? 1, 2, 3 oder 4? Was meinen Sie? Ordnen Sie zu.

1 ❤	2 ❤❤	3 ❤❤❤	4 ❤❤❤❤

○ Katze ○ Hund ○ Maus/Ratte/Kaninchen ○ Fisch

Arbeitsblatt 5, Seite 1

1 Fleisch/Fisch

a Was kaufen Sie in Ihrer Heimat? Kreuzen Sie an.

1 ○ Kaninchen

2 ○ Schwein

3 ○ Rind

4 ○ Schlange

5 ○ Lamm

6 ○ Schnecke

7 ○ Raupe

8 ○ Riesenameise

9 ○ Schrimps

10 ○ Fisch

11 ○ Huhn

12 ○ Ente

13 ○ Gans

14 ○ Strauß

15 ○ Hirsch

16 ○ Pferd

17 ○ Krokodil

18 ○ Ziege

19 ○ ...

b Was gibt es im Supermarkt in Österreich? Sprechen Sie.

c Was gibt es im Supermarkt in Österreich nicht? Bestellen Sie das im Internet? Sprechen Sie.

Schlange? Das gibt es im Supermarkt nicht. Das gibt es im Internet.

2 Lebensmittel in meiner Heimat

a Sammeln Sie Lebensmittel aus Ihrer Heimat. Schreiben Sie eine Liste in Ihrer Sprache.

b Haben Ihre Lebensmittel in a einen deutschen Namen? Sprechen Sie.

Maamoul heißen Dattelkekse.

Arbeitsblatt 5, Seite 2

c Lebensmittel einkaufen: Wie ist das für Sie in Österreich? Kreuzen Sie an.

☺ ○ Ich kaufe Lebensmittel aus der Heimat im Supermarkt / im Geschäft. Das ist gut. Mir geht es sehr gut.
☺ ○ Ich kaufe Lebensmittel aus Österreich im Supermarkt / im Geschäft. Das ist gut. Mir geht es sehr gut.
😐 ○ Ich kaufe Lebensmittel aus Österreich im Supermarkt / im Geschäft. Das ist nicht so gut. Mir geht es so lala.
☹ ○ Ich kaufe Lebensmittel aus Österreich im Supermarkt / im Geschäft. Das ist nicht gut. Mir geht es schlecht.

3 Schweinefleisch und Knödel? Tut mir leid. Das esse 🍽 ich nicht.

a Lesen Sie.

Schweinefleisch mit Knödel?

○ *Nein, danke. Tut mir leid, ich esse vegetarisch.*

○ *Nein, danke. Tut mir leid, ich esse koscher.*

○ *Nein, danke. Tut mir leid, ich esse kein Schweinefleisch.*

○ *Nein, danke. Tut mir leid, ich habe eine Allergie.*

○ *Nein, danke. Tut mir leid, ich esse halal.*

○ *Ja, danke, ich esse alles.*

○ *Ja, danke, das ist super.*

b Und Sie? Was sagen Sie? Kreuzen Sie in a an. Lernen Sie den Satz.

4 Österreichische Freunde

a Sie kochen/machen ein Gericht aus Ihrer Heimat. Was kochen/machen Sie? Notieren Sie.

....

b Was sagen Ihre österreichischen Freunde? Schreiben Sie einen Satz aus 3a.

....

c Ihre Kinder essen in Österreich mit Kindern aus Österreich (in der Schule / zu Hause) Gerichte aus Österreich. Wie ist das für Sie? Kreuzen Sie an (und ergänzen Sie). Sprechen Sie dann im Kurs.

☺ ○ Das ist super.
😐 ○ Das ist super, aber bitte kein/e .... / bitte nur ....
☹ ○ Das ist nicht gut. Wir essen nur Lebensmittel aus der Heimat.

Arbeitsblatt 6, Seite 1

1 Wohnen im Wohnhaus in Österreich

a Schauen Sie die Fotos an. Was passt? Ordnen Sie die Bilder 1–6 zu.

1 

2 

3 

4 

5 

6 

○ A 

○ B 

○ C 

(2) D 

○ E 

(1) F 

b Ist das erlaubt? Was meinen Sie? Kreuzen Sie an. Vergleichen Sie dann mit den Lösungen.

Foto	A	B	C	D	E	F
ja	○	○	○	○	○	○
nein	○	○	○	○	○	○

c 1 Was ist immer verboten? Notieren Sie. A ....

2 Was ist 22:00 – 6:00 Uhr verboten (Nachtruhe)? Notieren Sie. ....

3 Was ist am Sonntag, 8:00 Uhr (Ruhezeit) verboten? Notieren Sie. ....

d Was ist in Ihrer Heimat anders? Kreuzen Sie an und sprechen Sie.

Foto	A	B	C	D	E	F	G

E ist nicht verboten ...

e Wie sind die Regeln für Sie? Kreuzen Sie an.

☺ ○ Ich kenne und verstehe die Regeln. So wohnen ist gut.

😐 ○ Ich kenne und verstehe die Regeln. So wohnen ist aber nicht so gut.

☹ ○ Ich verstehe das nicht. So wohnen ist nicht gut.

Arbeitsblatt 6, Seite 2

2 Wo lesen Sie diese Regeln? Kreuzen Sie an.

A

○ Hausordnung

B

○ Mietvertrag

C

○ Anzeige

3 „Ich möchte schlafen."

a Sehen Sie das Foto und das Bild an. Was machen Sie? Kreuzen Sie an.

1 ○ 

2 ○ 

3 ○ 

4 ○ 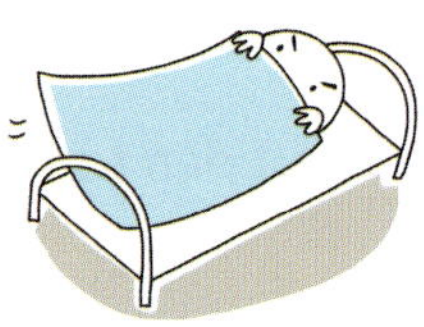

5 ○ 

6 ○ 

b Wie sind die Lösungen in a? Was meinen Sie? Kreuzen Sie an und sprechen Sie.

Lösung	1	2	3	4	5	6
sehr gut	○	○	○	○	○	○
gut	○	○	○	○	○	○
nicht gut	○	○	○	○	○	○

Lösung 1. Das ist nicht gut.

Lösung 1 ist gut.
Lösung … ist nicht gut.

Arbeitsblatt 7

1 Noura lernt Deutsch.

a Lesen Sie.

Noura sagt: „Ich lerne Deutsch! Das ist wichtig ! für mich."

A: ! *Arbeit / Beruf.* ☺ ○ 😐 ○ ☹ ○

B: ! *Meine Kinder (Schule).* ☺ ○ 😐 ○ ☹ ○

C: ! *Mit Arzt / Kinderarzt sprechen.* ☺ ○ 😐 ○ ☹ ○

D: ! *Einkaufen.* ☺ ○ 😐 ○ ☹ ○

E: ! *Auto fahren / Führerschein.* ☺ ○ 😐 ○ ☹ ○

F: ! *Mit Personen im Haus sprechen.* ☺ ○ 😐 ○ ☹ ○

G: ! *Mit Lehrerin / Lehrer sprechen.* ☺ ○ 😐 ○ ☹ ○

H: ! *Österreichische Freunde haben.* ☺ ○ 😐 ○ ☹ ○

I: ! *Auf Deutsch Radio hören, fernsehen.* ☺ ○ 😐 ○ ☹ ○

J: ! *Internet.* ☺ ○ 😐 ○ ☹ ○

b Ist das auch für Sie wichtig (☺), nicht so wichtig (😐) oder nicht wichtig (☹)? Kreuzen Sie in a an.

c Haben Sie Familie? Schreiben Sie dann die Buchstaben aus a.

1 Was ist für Ihre Frau / Ihren Mann wichtig? A ....

2 Was ist für Ihre Kinder wichtig? ....

2 Deutsch lernen

Text in Ihrer Sprache

a Lesen Sie den Text mit Informationen.

> 1 Die Staatssprache für ganz Österreich ist Deutsch. Das bedeutet, dass man Deutsch im Umgang mit anderen verwendet. Deutsch braucht man vor allem auch im öffentlichen Bereich (z. B. in der Schule, beim Arzt, in der Arbeit und auf Behörden ...)
>
> 2 Im österreichischen Bildungssystem sind Frauen und Männer gleichberechtigt, deshalb besuchen sie auch die gleichen Deutschkurse mit den gleichen Zielen. Sie besuchen diese Deutschkurse gemeinsam.
>
> 3 Deutsch ist wichtig für die Teilhabe am gemeinschaftlichen Leben.

b Wie sind die Informationen für Sie? Kreuzen Sie an und sprechen Sie.

- ○ Das ist für mich (und meine Familie) sehr gut. Ich möchte mehr Informationen.
- ○ Die Informationen sind für mich (und meine Familie) neu. Das ist interessant.
- ○ Deutsch lernen ist für mich wichtig. Für .... ist das nicht wichtig.
- ○ Ich verstehe, aber das geht für mich (und meine Familie) nicht.
- ○ Nur für meine Kinder ist das gut.

c Wo können Sie Deutsch allein lernen? Ihre Kursleiterin / Ihr Kursleiter hat Tipps für Sie.

Arbeitsblatt 8

1 Wann ...?

a In Österreich: Wann kommen Sie? Kreuzen Sie an. Vergleichen Sie im Kurs.

A	Deutschkurs: 8:30–12:15 Uhr	○ 8:50	○ 9:30	○ 8:30
B	Kinderarzt – Termin mit Sohn: 10:15 Uhr	○ 9:15	○ 10:10	○ 11:00
C	Termin – Mietvertrag: 17:30 Uhr	○ 17:30	○ 15:30	○ 18:00
D	Abendessen bei Freunden: 19:00 Uhr	○ 18:45	○ 19:00	○ 20:00
E	Bibliothek – Bücher bringen: 10:00–12:00 Uhr	○ 9:50	○ 12:00	○ 11:30
F	Kindergarten – Tochter abholen: 7:30–17:00 Uhr	○ 13:50	○ 16:45	○ 17:10
G	Arbeit: 7:30–16:00 Uhr	○ 7:25	○ 7:45	○ 8:00
H	Hochzeit – Freunde: 11:00 Uhr	○ 10:00	○ 10:50	○ 11:30
I	Fußball: 17:00–19:00 Uhr	○ 18:50	○ 17:30	○ 18:00
J	Elternabend in der Schule: 18:45 Uhr	○ 18:40	○ 19:00	○ 19:30

b Ihre Heimat: Wann kommen Sie? Kreuzen Sie an oder notieren Sie. Sprechen Sie dann.

	wie in Österreich	andere Zeit		wie in Österreich	andere Zeit
A	X		F		
B		9:00	G		
C			H		
D			I		
E			J		

A: In meinem Heimatland komme ich um ...

2 Das geht heute leider nicht.

Deutschkurs / Fußball / Abendessen: Das geht heute nicht. Was machen Sie? Was ist richtig? Kreuzen Sie an. Vergleichen Sie dann.

1. Sie haben von 8:30–12:15 Uhr Deutschkurs. Aber das geht heute nicht. Sie haben um 10:15 Uhr einen Termin beim Kinderarzt.
   ○ Ich rufe an. ○ Ich komme um 11:00. ○ Ich rufe nicht an. Ich komme nicht.
2. Sie spielen von 17:00 bis 19:00 Uhr Fußball. Aber das geht heute nicht. Sie haben um 18:45 Uhr Elternabend in der Schule.
   ○ Ich schreibe eine SMS. ○ Ich spiele von 17:00–18:00. ○ Ich rufe nicht an. Ich komme nicht.
3. Sie haben heute um 19:00 Uhr ein Abendessen bei Freunden. Aber das geht heute nicht. Sie arbeiten von 13:00–20:30 Uhr.
   ○ Ich rufe an. ○ Ich komme um 20:45. ○ Ich rufe nicht an. Ich komme nicht.

3 Pünktlichkeit in Österreich: Wie ist das für Sie? Kreuzen Sie an.

☺ ○ Das ist wichtig und das geht gut.
😐 ○ Das ist wichtig, aber das ist für mich nicht einfach.
☹ ○ Das ist fremd. Ich verstehe das nicht.

Arbeitsblatt 9

1 Der Alltag von Yusuf

a Schreiben Sie den Text (KB, S. 65) neu. Ergänzen Sie.

Freunde | eine Tochter und einen Sohn | ~~Yusuf al Zeno~~ | Meine Exfrau | Meine Tochter Banu ist fünf, mein Sohn Ismail | Banu und Ismail | Yusuf

Hallo. Ich heiße ~~Vera Szipanski~~ Yusuf al Zeno und bin 33 Jahre alt. Ich bin geschieden und habe ~~zwei Söhne~~ …………………… .
~~Jonas ist vier und Tobi~~ …………………… zwei.
~~Jonas und Tobi~~ …………………… gehen in den Kindergarten.
Wir wohnen in Gloggnitz. ~~Mein Exmann~~ …………………… lebt jetzt in der Schweiz. Meine Eltern wohnen in der Türkei. Ich habe die Kinder also jeden Morgen, jeden Abend und am Wochenende natürlich den ganzen Tag.
Ich hätte gern mehr Zeit für mich. Zum Beispiel möchte ich wieder einmal ins Kino gehen. Aber am Abend bin ich müde. Meine ~~Freundinnen~~ …………………… fragen: „Wann hast du denn einmal Zeit, ~~Vera~~ ……………………?“ Und ich antworte: „Heute nicht. Tut mir leid, ich bin total fertig. Heute möchte ich nur noch ins Bett.“

b Das macht Yusuf. Wie ist das für Yusuf? Was meinen Sie? Kreuzen Sie an.

☺ Yusuf macht das gern. ☹ Yusuf macht das nicht gern.

		☺	☹
A	6:00 Uhr mit Banu und Ismail aufstehen	○	○
B	7:15 Uhr die Kinder in den Kindergarten bringen	○	○
C	7:45–16:00 arbeiten	○	○
D	17:00 Uhr die Kinder vom Kindergarten abholen	○	○
E	17:30 Uhr kochen	○	○
F	18:00 Uhr mit Banu und Ismail zusammen essen	○	○
G	18:30 Uhr mit Banu und Ismail spielen	○	○
H	19:30 die Kinder ins Bett bringen	○	○
I	22:00 Uhr ins Bett gehen	○	○

2 In der Familie

a Das machen Männer und Frauen (A–I in 1b). In Österreich ist das normal. Wie finden Sie das? Kreuzen Sie an.

A ○ gut ○ nicht gut
B ○ gut ○ nicht gut
C ○ gut ○ nicht gut
D ○ gut ○ nicht gut
E ○ gut ○ nicht gut
F ○ gut ○ nicht gut
G ○ gut ○ nicht gut
H ○ gut ○ nicht gut
I ○ gut ○ nicht gut

b Vergleichen Sie und sprechen Sie im Kurs.

A: Das finde ich gut. Ich mache das, meine Frau auch.

Arbeitsblatt 10

1 Freizeit und Hobbys

a In Österreich: Wer macht was? Kreuzen Sie an. Vergleichen Sie mit den Lösungen.

Hobby	Mädchen (13 Jahre)	Buben (13 Jahre)	Mädchen und Buben (13 Jahre)
1 Rad fahren	○	○	○
2 Fußball spielen	○	○	○
3 Freunde treffen	○	○	○
4 im Internet surfen, Computerspiel spielen	○	○	○
5 mit Freunden Ausflüge machen	○	○	○
6 bei Freunden spielen	○	○	○
7 ins Kino gehen	○	○	○
8 Eis essen gehen	○	○	○
9 Musik machen und hören	○	○	○
10 tanzen gehen	○	○	○
11 schwimmen	○	○	○
12 lesen	○	○	○
13 in den Sportverein gehen	○	○	○
14 bei Freundinnen / Freunden schlafen	○	○	○

b Wie ist das für Sie? Kreuzen Sie an.

☺ ○ Ich kenne das und weiß das. Für mich und meine Familie gibt es da keine Probleme.
😐 ○ Ich kenne das und weiß das. Aber für mich und meine Familie gibt es da noch ein Problem.
☹ ○ Ich kenne das und weiß das. Aber für mich und meine Familie geht das gar nicht.

2 Ihre Heimat. Was machen Sie dort in der Freizeit? Was ist anders? Notieren Sie oder zeigen Sie Fotos.

Wir

 978-3-19-391081-3

Arbeitsblatt 11, Seite 1

1 „Kindergartenpflicht" bedeutet: Alle Kinder mit 5 Jahren gehen ein Jahr in den Kindergarten.

a Warum ist das gut? Was meinen Sie? Sprechen Sie.

Deutsch | pünktlich sein | in der Früh aufstehen | mit anderen Kindern zusammen spielen | ein bisschen schreiben | ein bisschen rechnen | ein bisschen lesen | ...

Die Kinder lernen Deutsch.

Ja, das ist richtig. Und die Kinder können ...

b Gibt es in Ihrem Heimatland „Kindergartenpflicht"? Sprechen Sie.

2 „Schulpflicht"

a Schulpflicht bedeutet: Alle Kinder gehen 9 Jahre in die Schule. Ist das gut und wichtig? Was meinen Sie? Kreuzen Sie an.

- ○ Das ist gut und wichtig für alle Kinder. Sie können nach der Schule einen Beruf lernen.
- ○ Das ist wichtig für die Buben. Sie können nach der Schule einen Beruf lernen und Geld verdienen. Für die Mädchen ist das nicht wichtig.
- ○ Das ist wichtig für alle Kinder. Aber 9 Jahre ist zu viel.
- ○ Mädchen arbeiten zu Hause für die Mutter. Sie brauchen keine Schule.

Text in Ihrer Sprache

b Lesen Sie. Was ist für Sie wichtig? Notieren Sie ______________.

1 Die Schulpflicht beginnt mit dem auf die Vollendung des sechsten Lebensjahres folgenden 1. September. Die Schulpflicht gilt für Mädchen und Buben.

2 Die Schulpflicht erstreckt sich in Österreich über neun Jahre. Im Allgemeinen wird in den ersten vier Jahren die Grundschule (Volksschule) besucht. Danach folgen weitere vier Jahre entweder in einer Neuen Mittelschule oder der Unterstufe einer allgemeinbildenden höheren Schule. Die Schulpflicht wird im 9. Schuljahr durch den Besuch der Polytechnischen Schule oder durch Fortsetzung in der Oberstufe einer mittleren oder höheren Schule erfüllt.

3 Die Schule kostet nichts. Das bezahlt der Staat Österreich.

c Schule und Schulpflicht in Ihrer Heimat. Ist das auch so? Nicht so? Sprechen Sie.

In ... gehen die Mädchen und Buben ...

3 Sprechen Sie mit der Lehrerin / dem Lehrer von Ihrem Kind. Das ist wichtig. Das ist für Eltern Pflicht. Was sagen Sie? Kreuzen Sie an.

- ○ *Ist mein Kind pünktlich?*
- ○ *Macht meine Tochter / mein Sohn jeden Tag die Hausübungen?*
- ○ *Kann meine Tochter / mein Sohn gut Deutsch/ ...?*
- ○ *Meine Tochter / mein Sohn kann nicht so gut Mathematik/ .... Wie kann ich helfen?*
- ○ *Sie machen im Juli ein Schulfest. Kann ich helfen?*
- ○ *Hat meine Tochter / mein Sohn Freunde in der Schule?*

Arbeitsblatt 11, Seite 2

4 „Mein Kind kann heute nicht in die Schule gehen."

a Sie schreiben ein E-Mail an die Schule. Was geht? Was meinen Sie? Kreuzen Sie an.

1 ○ Mein Kind möchte heute spielen. Es kann heute nicht in die Schule gehen.

2 ○ Mein Kind ist müde und möchte heute nicht aufstehen. Es kann heute nicht in die Schule gehen.

3 ○ Mein Kind arbeitet heute für mich zu Hause. Wir kochen für ein Familienfest. Es kann heute nicht in die Schule gehen.

4 ○ Mein Kind ist krank. Es kann heute nicht in die Schule gehen.

5 ○ Mein Kind hat heute Geburtstag. Es kann heute nicht in die Schule gehen.

6 ○ Das Wetter ist heute sehr schlecht. Ich kann mein Kind heute nicht in die Schule bringen.

7 ○ Der Vater ist nicht da. Und ich kann mein Kind nicht in die Schule bringen.

8 ○ Ich bin krank und kann mein Kind heute nicht in die Schule bringen. Morgen bringt eine Freundin mein Kind in die Schule.

9 ○ Bei uns ist heute Feiertag. Da kann mein Kind nicht in die Schule gehen.

10 ○ Meine Eltern kommen heute aus meiner Heimat. Da kann mein Kind nicht in die Schule gehen.

Text in Ihrer Sprache

b Lesen Sie den Text. Vergleichen Sie mit Ihren Lösungen in a.

Wann muss mein Kind nicht in die Schule gehen?
- Wenn der Schüler selber krank ist.
- Oder wenn ein Familienmitglied eine gefährliche, ansteckende Krankheit hat. Das erfolgt dann aber auf Anweisung eines Arztes.
- In Ausnahmefällen, wenn der Schulweg aufgrund der Wetterlage zu gefährlich ist (überflutete Straßen, Schlammlawinen usw.) oder der Schulweg nicht zu bewältigen ist (öffentlicher Nahverkehr fällt aus).
- In Ausnahmefällen, wenn ein Elternteil krank ist, und die Versorgung/Betreuung des erkrankten Elternteils nicht anders gelöst werden kann.

Arbeitsblatt 12, Seite 1

1 Stundenplan

a Lesen Sie den Stundenplan für die Klasse 3a. Wie viele Stunden ... haben die Kinder in der Woche? Notieren Sie.

Stunde	1.	2.	3.	4.	5.
Uhrzeit	7.45–8.35	8.35–9.25	9.45–10.35	10.40–11.30	11.35–12.25
Montag	GU	GU	WE	WE	GU
Dienstag	GU	GU	GU	BSP	GU
Mittwoch	GU	GU	GU	GU	GU
Donnerstag	GU	GU	GU	BSP	F
Freitag	GU	GU	R	R	FÖ

GU = ... Stunden
Grundunterricht:
- Deutsch, Mathematik
- Sachunterricht
- Bildnerische Erziehung
- Musikerziehung

BSP = ... Stunden
Bewegung und Sport

FÖ = ... Stunden
Förderunterricht

WE = ... Stunden
Werkerziehung textil
oder technisch

R = ... Stunden
Religion

F = ... Stunden
Fremdsprache (Englisch)

b Lesen Sie die Sätze. Was meinen Sie? Was ist richtig? Kreuzen Sie an. Vergleichen Sie.

1 Mädchen und Buben sind in der Schule im GU immer zusammen. ○
2 Nicht alle Kinder sind im Förderunterricht. . ○
3 Mädchen und Buben haben zusammen BSP. ○
4 Mädchen und Buben haben zusammen WE. ○
5 Die Kinder haben Religion nicht zusammen. Sie lernen nur ihre Religion. ○

c Lesen Sie noch einmal die Sätze 1–5 in b. Wie ist das für Sie? Kreuzen Sie an und sprechen Sie.

1 ○ ☺ ○ ☹
2 ○ ☺ ○ ☹
3 ○ ☺ ○ ☹
4 ○ ☺ ○ ☹
5 ○ ☺ ○ ☹

☺ Das finde ich gut.
☹ Das finde ich nicht so gut.

1: Das finde ich ...

Arbeitsblatt 12, Seite 2

2 Religionsunterricht in Österreich

a Was ist richtig? Was meinen Sie? Kreuzen Sie an.

1 Diesen Religionsunterricht gibt es an Schulen immer: römisch-katholisch, evangelisch, islamisch. ○

2 Diesen Religionsunterricht kann es geben: orthodox, freikirchlich, jüdisch, buddhistisch. ○

3 Die Eltern bezahlen den Religionsunterricht. ○

4 Die Kinder wollen nicht in den Religionsunterricht. Sie können das selbst sagen. Sie gehen dann nicht. ○

Text in Ihrer Sprache

b Lesen Sie den Text. Vergleichen Sie Ihre Lösungen in a.

> In Österreich gilt „Religionsfreiheit". Das bedeutet, im privaten Leben darf jeder Mensch seine eigene religiöse Überzeugung leben, solange diese nicht gegen das Gesetz des österreichischen Staates verstößt. Religionsfreiheit bedeutet, alle anerkannten Religionen sind nebeneinander gleichgestellt. Der Staat fördert die Religionen, deshalb ist der Religionsunterricht in Schulen kostenlos. Mit 14 Jahren darf man seine Religion frei wählen. Bis 14 Jahren können die Eltern entscheiden, ob das Kind am Religionsunterricht teilnimmt. Eine verpflichtende Alternative ist dann der Ethikunterricht, wenn an der Schule angeboten.

c Wie finden Sie das? Kreuzen Sie an.

1 Die Eltern entscheiden, ob die Kinder den Religionsunterricht besuchen sollen. Der Religionsunterricht kostet nichts.

☺ ○ Ich finde das sehr gut.
😐 ○ Ich weiß nicht.
☹ ○ Das finde ich nicht gut.

2 Die Kinder sind in der Schule zusammen. Aber sie besuchen den Unterricht der eigenen Religion.

☺ ○ Ich finde das sehr gut.
😐 ○ Ich weiß nicht.
☹ ○ Das finde ich nicht gut.

3 Ab 14 Jahren können Kinder frei entscheiden, ob sie in den Religionsunterricht möchten.

☺ ○ Ich finde das sehr gut.
😐 ○ Ich weiß nicht.
☹ ○ Das finde ich nicht gut.

Arbeitsblatt 13, Seite 1

1 Die beliebtesten Berufe

a Das sind die vier beliebtesten Berufe in Österreich für Frauen und für Männer. Was passt? Ergänzen Sie die Wörter im Kreuzworträtsel und kreuzen Sie in der Liste an.

Frauen	Männer
○ Assistentin in der Verwaltung	☒ Einzelhandelskaufmann
○ Assistentin in Hotel und Gastgewerbe	○ Elektrotechniker
○ Assistentin in Pharmazie	○ Installations- und Gebäudetechniker
○ Bürokauffrau	○ Kfz-Techniker
○ Einzelhandelskauffrau	○ Koch
○ Friseurin	○ Maurer
○ Gastronomiefachfrau	○ Mechatroniker
○ Köchin	○ Metalltechniker
○ Restaurantfachfrau	○ Tischler

					E	I	N	Z	E	L	H	A	N	D	E	L	S	K	A	U	F	M	A	N	N	
							B			O							A	U								
						E	I			E	L							S	K				F			
							F	R																		
										S	T	A	U	R												
M				L	L									R												
				K	F		-			C					E											
				E				T		O	T			H	N			E	R							

b Schreiben Sie das Lösungswort aus a.

c Welche Berufe in a stehen bei Männern und Frauen? Schreiben Sie. Wie finden Sie die Berufe? Sprechen Sie.

....

Ich finde den Beruf Koch sehr interessant / nicht interessant / nur ein bisschen interessant / ...
Der Beruf macht Spaß.
Ich möchte den Beruf auch lernen.

Ich finde den Beruf ...

d Was meinen Sie, gibt es in a einen Beruf nur für Frauen oder nur für Männer? Sprechen Sie.

Ich glaube, ... ist nur für Männer. Stimmt das?

Ja, das glaube ich auch.

Nein, ich glaube, der Beruf ist auch für Frauen.

Arbeitsblatt 13, Seite 2

2 Berufe lernen

a Was meinen Sie? Was sind die beliebtesten Berufe in Ihrem Heimatland? Für Frauen? Für Männer? Für Frauen und Männer? Notieren Sie.

Für Frauen: ... Für Männer: ...
Für Frauen und Männer: ...

b Wie wird man in Ihrem Heimatland ...? Notieren Sie 1, 2 oder ... bei Ihren Berufen in a und sprechen Sie.

1 eine Lehre machen | 2 studieren (Universität) | 3 eine Einschulung machen | 4 vom Vater / von der Mutter / in der Familie lernen | 5 in der Arbeit lernen | 6 ...

Man möchte ... werden. Man muss ... in der Arbeit lernen.

c Was meinen Sie? Welche Ausbildung/Qualifikation braucht man in Österreich für die Berufe? Ordnen Sie zu. Vergleichen Sie im Kurs.

1 eine Lehre machen | 2 studieren (Universität) | 3 eine kurze Einschulung / einen Kurs machen | 4 vom Vater / von der Mutter / in der Familie lernen | 5 in der Arbeit lernen

- ○ Friseur/in
- ○ Lagerarbeiter/in
- ○ Arzt/Ärztin
- ○ Taxifahrer/in
- ○ Lehrer/in
- ○ Kraftfahrzeugtechniker/in
- ○ Schneider/in
- ○ Hilfsarbeiter/in
- ○ Rapper/in
- ○ Altenpfleger/in
- ○ Babysitter/in

3 Geld verdienen

a In der Freizeit und ohne Ausbildung/Qualifikation arbeiten und Geld dafür bekommen/nehmen: Ist das in Österreich erlaubt? Was meinen Sie? Kreuzen Sie an. Vergleichen Sie im Kurs.

	Taxi fahren	○ ja	○ nein
	auf der Baustelle arbeiten	○ ja	○ nein
	Haare schneiden	○ ja	○ nein
	etwas kochen und verkaufen	○ ja	○ nein
	für Geld Fahrräder reparieren	○ ja	○ nein
	babysitten	○ ja	○ nein
	unterrichten	○ ja	○ nein
	Wohnungen renovieren	○ ja	○ nein

Arbeitsblatt 13, Seite 3

Text in Ihrer Sprache

b Lesen Sie den Text. Wie ist das für Sie? Kreuzen Sie an und sprechen Sie.

> Wenn Sie arbeiten und Geld dafür nehmen, brauchen Sie dafür die vorgeschriebene Qualifikation. Sie müssen eine Arbeitsbewilligung haben und Sie müssen auch Steuern und Abgaben (Krankenversicherung, Arbeitslosenversicherung, Pensionsversicherung) bezahlen. Sie müssen angestellt sein oder eine angemeldete Firma haben. Das heißt, Sie dürfen nicht „schwarz arbeiten". Das ist strafbar und wird kontrolliert.

- ○ ☺ Das verstehe ich. Ich finde das gut.
- ○ 😐 Das verstehe ich. Aber ich finde das nicht so einfach. Ich möchte arbeiten. Aber darf nicht.
- ○ ☹ Ich verstehe das nicht. Ich habe immer Arbeit, das ist nicht schwer. Ich bekomme Geld. Aber es ist verboten.

c Welche Probleme kann man bekommen, wenn man wie in a arbeitet? Was meinen Sie? Kreuzen Sie an.

- ○ Man hat einen Unfall und keine Krankenversicherung. Man bekommt keine Hilfe.
- ○ Man hat gearbeitet und bekommt sein Geld nicht.
- ○ Man macht etwas falsch und muss das bezahlen.
- ○ Man zahlt keine Abgaben (Steuern, Krankenversicherung) und bekommt eine Strafe.
- ○ Man hat keine Arbeitsbewilligung und bekommt eine Strafe.

4 Die Berufsausbildung

Text in Ihrer Sprache

a Lesen Sie den Text. Sind die Aussagen 1–6 richtig (r) oder falsch (f)? Kreuzen Sie an.

> Für eine Lehre und auch andere Berufsausbildungen braucht man den Pflichtschulabschluss. Für viele Berufe (sogenannte „Lehrberufe") gibt es die „duale Ausbildung", das heißt für einen Teil der Ausbildung (Lehre) gibt es eine spezielle Schule („Berufsschule") – 20 % der Zeit –, der andere Teil geschieht im Betrieb – 80 % der Zeit. Für die Arbeit bekommt man eine Lehrlingsentschädigung. So eine Berufsausbildung gibt es auch für Erwachsene. Für andere Berufe, z. B. Gesundheitsberufe, gibt es „Vollzeitschulen", für Jugendliche und Erwachsene.

		richtig	falsch
1	Mit einem Pflichtschulabschluss kann man keinen Beruf lernen.	○	○
2	Viele Berufsausbildungen sind so: Man lernt und arbeitet, und bekommt Geld.	○	○
3	Die „duale Ausbildung" bedeutet, man bezahlt für die Lehre Geld.	○	○
4	Das „duale System" bedeutet, man arbeitet fünf Tage in der Woche.	○	○
5	Für andere Berufe gibt es „Vollzeitschulen".	○	○
6	Auch Erwachsene ohne Berufsausbildung können in Österreich einen Beruf lernen.	○	○

b Für Lehrberufe braucht man einen Pflichtschulabschluss. Wo gibt es diese „Schulen" in Ihrem Kursort? Recherchieren Sie.

> Kinder: Volksschule/Mittelschule/Höhere Schulen
> junge Erwachsene: Volkshochschule/Berufsförderungsinstitut (bfi) / WIFI (Wirtschaftsförderungsinstitut)
> Erwachsene: Volkshochschule/Berufsförderungsinstitut (bfi) / WIFI (Wirtschaftsförderungsinstitut)

Arbeitsblatt 13, Seite 4

c Was ist richtig? Kreuzen Sie an. Vergleichen Sie mit den Lösungen.

1 Jugendliche können ihren Pflichtschulabschluss kostenlos machen. ○ ja ○ nein
2 Junge Erwachsene können ihren Pflichtschulabschluss kostenlos machen. ○ ja ○ nein
3 Erwachsene können ihren Pflichtschulabschluss kostenlos machen. ○ ja ○ nein

d Was stimmt für Österreich? Was meinen Sie? Kreuzen Sie an und vergleichen Sie im Kurs.

○ Nicht alle Berufe sind für Frauen erlaubt.
○ Frauen und Männer können jeden Beruf erlernen, da gibt es keinen Unterschied.
○ Frauen und Männer wählen ihren Beruf frei. Vater oder Bruder können nicht sagen: „Das ist verboten."
○ Der Staat Österreich kann Frauen oder Männern sagen: „Dieser Beruf ist für Sie verboten."
○ Die Religion/Kirche darf Frauen oder Männern sagen: „Dieser Beruf ist für Sie verboten."
○ Eltern können ihren Kindern sagen: „Du möchtest diesen Beruf lernen? Das geht nicht. Wir wollen das nicht. Und wir sind die Eltern."
○ Jeder Mensch kann seinen Beruf frei wählen.

e Wie ist das für Sie? Kreuzen Sie an. Sprechen Sie dann im Kurs.

○ ☺ Ich habe keinen Beruf. Aber ich möchte einen Beruf lernen. Ich möchte mehr Informationen.
○ ☺ Ich habe einen Beruf. Ich möchte in Österreich arbeiten. Ich möchte mehr Informationen.
○ 😐 Ich habe keinen Beruf. Auch ich möchte einen Beruf haben. Aber ich glaube, das geht für mich nicht. Ich habe kein Geld.
○ 😐 Ich habe in meinem Heimatland einen Beruf. Den Beruf gibt es in Österreich nicht. Ich lerne einen neuen Beruf.
○ ☹ Ich habe keinen Beruf. Ich kann nicht gut Deutsch. Ich glaube, das ist für mich alles zu schwer. Ich habe keine Lösung.
○ ☹ Ich möchte den Pflichtschulabschluss machen und einen Beruf lernen. Aber meine Eltern wollen das nicht.

f Was wollen Sie tun? Sprechen Sie im Kurs.

Ich lerne gut Deutsch, dann mache ich meinen Pflichtschulabschluss und dann möchte ich Bäcker werden.

Arbeitsblatt 13, Seite 5

5 Jedes Land ist anders.

Text in Ihrer Sprache

a Lesen Sie den Text. Wie ist das für Sie? Kreuzen Sie an.

Jeder Mensch, der in Österreich arbeitet und Geld verdient, muss Steuern und Sozialabgaben zahlen. Mit diesem Geld finanziert der Staat Österreich sein Bildungssystem (Kindergärten, Schulen, Universitäten, Lehrer/...), Krankenhäuser, aber auch Polizei und Armee. Der Staat Österreich hilft einer Person, wenn sie arbeitslos ist, Not leidet, keine Arbeit hat oder einen Unfall hatte. Man kann aber nur etwas von dem Staat Österreich bekommen, wenn man auch bezahlt oder bezahlt hat. Den Arzt, die Behandlung und die Medikamente bezahlt die Krankenkasse. Und Arbeitslosengeld bekommt man von der Arbeitslosenversicherung, dafür muss man aber vorher bezahlt haben. Alte Menschen bekommen von der Pensionsversicherung ihre Pension.

- ○ ☺ Das verstehe ich gut.
- ○ ☺ Das ist wie in meinem Heimatland.
- ○ 😐 Das ist in meinem Heimatland ganz anders.
- ○ 😐 Das verstehe ich noch nicht ganz.
- ○ ☹ Das verstehe ich nicht.
- ○ ☹ Ich bin keine Österreicherin / kein Österreicher. Warum muss ich auch zahlen?

b Arbeiten und Sozialabgaben zahlen. Was bezahlen die Versicherungen? Ordnen Sie zu. Vergleichen Sie mit den Lösungen.

a den Arzt und die Medikamente | b die Pension für alte Menschen | c Geld für Menschen ohne Arbeit

1 ○ Pensionsversicherung
2 ○ Krankenversicherung
3 ○ Arbeitslosenversicherung

c Wie zahlt man in Österreich seine Steuern und seine Sozialabgaben? Was ist richtig? Vergleichen Sie mit den Lösungen.

- ○ Die Firma überweist das Geld für die Steuern und die Sozialabgaben.
- ○ Man muss die Steuern und die Sozialabgaben bar bezahlen.
- ○ Man muss die Steuern und die Sozialabgaben überweisen.
- ○ Der Staat bekommt das ganze Geld. Dann schickt der Staat mein Geld für die Arbeit mit der Post.

Arbeitsblatt 13, Seite 6

6 Arbeiten und Steuern zahlen – was meinen die Menschen?

a Lesen Sie die Meinungen A–F in einem Forum. Was meinen Sie. Was ist richtig? Kreuzen Sie an. Vergleichen Sie im Kurs.

Warum zahlen wir Steuern? Wer bekommt das Geld?
Was denken Sie? Schreiben Sie uns Ihre Meinung.

1 ○ Bernie

Mit Steuern bezahlt der Staat Österreich die Schulen, die Kindergärten, die Krankenhäuser, die Straßen, die Parks zum Beispiel.

2 ○ C_6754#

Die Krankenkasse bekommt Geld. Sie bezahlt dann meinen Arzt. Und die Medikamente. Und den Arzt für meine Kinder.

3 ○ GroßmutterA

Die Pensionskasse zahlt meine Pension. Ich bin alt. Ich kann nicht mehr arbeiten.

4 ○ So-Nicht13

Ich glaube das nicht. Das Geld bekommt der Staat. Und Leute im Staat mit viel Geld bekommen noch mehr Geld. So ist das.

5 ○ NiklasT

Blödsinn. Der Staat bezahlt auch die Lehrer und die Schulen, die Leute im Amt. Alle Leute, die für uns arbeiten. Die Polizei, die Feuerwehr, die Rettung.

6 ○ Mami

Ich habe drei Kinder und bin arbeitslos. Das Kindergeld und das Arbeitslosengeld helfen. Aber ich suche eine neue Arbeit.

b Steuern und Sozialabgaben. Was finden Sie gut? Was finden Sie nicht so gut? Sprechen Sie.

Großmutter 4 hat recht. Man verdient Geld. Man zahlt die Pensionskasse. Und dann ist man alt oder krank und man bekommt Geld vom Staat. Das ist super. In meinem Heimatland bezahlen die Kinder. Das ist schwer für die Familien.

 978-3-19-391081-3

Arbeitsblatt 14, Seite 1

1 Wann muss man …?

a Sehen Sie die Bilder A–H an. Wann muss man aufstehen und Platz machen (m = müssen). Wann ist man höflich (h = höflich) und steht auf. Ordnen Sie zu. Vergleichen Sie im Kurs.

A (m) B ○ C ○ D ○

E ○ F ○ G ○ H ○

b Sehen Sie die Bilder in a mit der Lösung „h = höflich" noch einmal an. Was machen Sie? Sprechen Sie im Kurs.

Bild …: Ich stehe immer auf.
Bild …: Der Bus / Die Straßenbahn / Der Zug / … ist voll, dann stehe ich auf.
Bild …: Ich bin krank/müde/alt/…, ich stehe nie/nicht auf.

Bild G: Ich stehe immer auf.

c Sehen Sie die Bilder in a mit der Lösung „m = müssen" an. Wie finden Sie die Regeln? Sprechen Sie.

gut für alte Menschen | gut für kranke Menschen | gut für Frauen und Kinder | gut für alte Frauen / Männer | Frauen und Kinder können stehen | Frauen dürfen immer sitzen | Frauen und kleine Kinder müssen sitzen | , denn im Bus / Zug / … stehen ist gefährlich | kranke Personen müssen sitzen | …

Ich finde das gut für …

Nein, ich finde Kinder können stehen und …

Arbeitsblatt 14, Seite 2

2 Höflichkeit

a Haben Sie das in Österreich schon einmal gesehen? Ja? Dann kreuzen Sie an.

A ○ *Kann ich Ihnen helfen?*

B ○ *Bitte nach Ihnen!*

C ○ *Bitte.*

D ○ *Wollen Sie sich setzen?*

E ○ *Mm, super.*

F ○ *Entschuldigung.*

G ○ *Vorsicht.*

H ○ *Entschuldigung.*

I ○

b Sehen Sie die Bilder in a noch einmal an. Was finden Sie höflich? Was finden Sie unhöflich? Ordnen Sie die Bilder zu. Vergleichen Sie im Kurs.

höflich: .... unhöflich: ....

Text in Ihrer Sprache

c Lesen Sie den Text.

> Auch in Österreich gilt das Prinzip „Höflichkeit“ und „Rücksicht“ im öffentlichen Leben für alle Frauen und Männer, jüngere und ältere Menschen.

d Wie finden Sie die Menschen in Österreich? Markieren Sie.

	-2	-1	0	1	2	3

sehr unhöflich — sehr höflich

e Wie finden Sie die Menschen in Ihrem Heimatland / in Ihrer Heimatstadt? Markieren Sie.

	-2	-1	0	1	2	3

sehr unhöflich — sehr höflich

f Und Sie? Was meinen Sie? Ist höflich sein wichtig? Sprechen Sie.

Ja, ich finde …

Arbeitsblatt 14, Seite 3

3 Höfliche Kommunikation

a Was meinen Sie? Was passt? Ordnen Sie Redemittel den Situationen zu. Vergleichen Sie im Kurs.

A

1

B

C

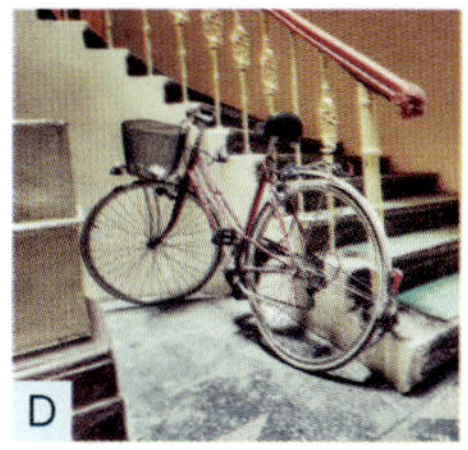
D

E

1 ◯ Ich möchte gern …
2 ◯ Ich hätte gern …
3 ◯ Hätten Sie vielleicht auch …?
4 ◯ Könnte ich bitte …
5 ◯ Tut mir leid, aber das möchte ich nicht (sagen/machen).
6 ◯ Da haben Sie recht. Tut mir leid.
7 ◯ Könnte ich bitte vielleicht auch …
8 ◯ Entschuldigung.
9 ◯ Tut mir leid.
10 ◯ Kein Problem.
11 ◯ Kann ich Ihnen helfen?
12 ◯ Oh, tut mir leid. Das wollte ich nicht.
13 ◯ Danke.
14 ◯ Vielen Dank.
15 ◯ In Ordnung. Alles o.k.
16 ◯ Entschuldigen Sie bitte, aber das finde ich nicht so gut.
17 ◯ Könnten Sie bitte …
18 ◯ Das ist nicht schlimm.
19 ◯ Das macht nichts.
20 ◯ …

b Welche Redemittel sind für Sie wichtig? Kreuzen Sie an.

c Rollenspiel: Wählen Sie eine Situation aus a. Spielen Sie die Situation und verwenden Sie Redemittel aus a.

Arbeitsblatt 15, Seite 1

1 Ausweise und Dokumente

a Gibt es diese Ausweise und Dokumente auch in Ihrem Heimatland? Wie heißen sie in Ihrer Sprache? Schreiben Sie. Welche gibt es nicht? Sprechen Sie.

1 Personalausweis 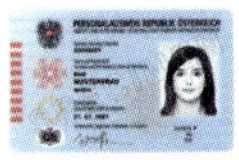 ....

2 Reisepass  ....

3 Bankomatkarte 

....

4 Meldezettel 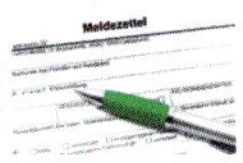

....

5 e-card 

....

6 Führerschein  ....

7 ÖBB-Vorteilscard 

....

8 Schülerausweis 

....

9 Kinderpass  ....

10 Mopedführerschein  ....

11 Anmeldekarte für Sprachkurs 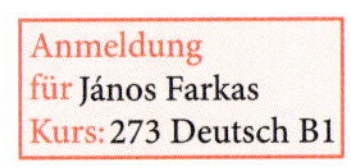

....

12 Bibliotheksausweis 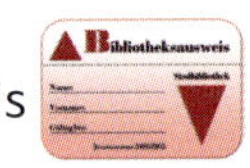

....

In Syrien haben wir keine …

b Wie/Wo bekommt man diese Ausweise und Dokumente in Österreich? Ordnen Sie die Ausweise und Dokumente aus a zu.

Amt und Behörde: *1* ....

Prüfung machen: ....

kaufen: ....

Mitglied / Schüler / Leser / Kunde / … sein: ....

Arbeitsblatt 15, Seite 2

2 Leih mir mal deinen Ausweis.

a Diese Dokumente, Ausweise oder Karten sind von einer anderen Person. Darf man sie für sich nehmen und benutzen? Was meinen Sie? Kreuzen Sie an. Vergleichen Sie im Kurs.

Kinokarte ○ ja ○ nein	Zeugnis ○ ja ○ nein	Visum ○ ja ○ nein	Führerschein ○ ja ○ nein
e-card ○ ja ○ nein	Eintrittskarte fürs Schwimmbad ○ ja ○ nein	Straßenbahnfahr-schein ○ ja ○ nein	Personalausweis ○ ja ○ nein
Bankomatkarte ○ ja ○ nein	Monatskarte (Bus/U-Bahn/... ○ ja ○ nein	Meldezettel ○ ja ○ nein	Kinderpass ○ ja ○ nein

Text in Ihrer Sprache

b Lesen Sie den Text. Wie finden Sie das? Kreuzen Sie an und sprechen Sie im Kurs.

> Falsche Angaben zur Person sind in Österreich ein schweres Vergehen. Also zum Beispiel Geburtsdatum, Adresse, Angaben zur Person müssen immer richtig sein. Man darf auch auf keinen Fall Ausweise, Papiere, Zeugnisse oder Ähnliches für sich verwenden, wenn sie einer anderen Person gehören. Auch wenn sie aus der Familie sind. Wenn man solche Dokumente verliert, muss man das sofort melden, damit man neue Dokumente bekommt.

○ ☺ Verstehe ich und finde ich gut. Jeder hat seine Dokumente.

○ 😐 Verstehe ich nicht ganz. Meine Dokumente oder Dokumente von meinem Bruder. Das ist doch egal.

○ ☹ Finde ich schwierig. Ich brauche oft ein Dokument. Wenn ich kein Dokument habe, nehme ich das von einer anderen Person.

Ich kann Auto fahren. Aber in Österreich habe ich keinen Führerschein. Mein Bruder hat einen Führerschein. Ich ...

Arbeitsblatt 16, Seite 1

1 Wann dürfen Jugendliche das in Österreich?

a Das ist in Österreich erlaubt. Was meinen Sie, wie alt sind die Kinder, jungen Frauen und jungen Männer? Ordnen Sie zu. Vergleichen Sie.

1 14 bis 16 Jahre | 2 ~~ab 16 Jahren~~ | 3 ab 16 Jahren | 4 bis 14 Jahre | 5 ab 16 Jahren | 6 ~~ab 14 Jahren~~

◯ im Park / ... spielen von 6:00 – 22:00 Uhr

◯ auf öffentlichen Plätzen sein von 6:00 – 23:00 Uhr

(2) auf öffentlichen Plätzen sein von 00:00 – 24:00 Uhr

◯ Alkohol (Bier/Wein/Sekt) trinken und kaufen

◯ Zigaretten kaufen und rauchen

(6) sich lieben

b Sehen Sie die Bilder in a an. Wie ist das in Ihrem Heimatland?

c Sehen Sie die Bilder in a noch einmal an. Es gibt keinen Unterschied zwischen Mädchen und Buben, jungen Frauen und jungen Männern. Wie finden Sie das?

2 Was darf man nur ab 18 Jahren? Sehen Sie die Bilder A–D an. Wie finden Sie das?

Das dürfen nur Erwachsene sehen.

Das dürfen nur Erwachsene trinken.

Das dürfen nur Erwachsene spielen.

Das dürfen nur Erwachsene.

3 Die Kinder sagen: „Meine Freunde dürfen das, ich will das auch."

a Sehen Sie das Foto an. Lesen Sie die Situation. Was meinen Sie? Was machen die Eltern? Kreuzen Sie an.

Situation: Die Tochter möchte im Sommer am Abend (19:00 Uhr) in ein Café gehen und Freundinnen treffen. Sie ist 16 Jahre alt. Dann gehen die jungen Frauen in eine Disco tanzen.

1 ○ Die Eltern erlauben das.
2 ○ Die Eltern verbieten das.
3 ○ Die Eltern erlauben das nicht und kaufen ein Geschenk.
4 ○ Der Sohn darf das, die Tochter nicht.
5 ○ Die Tochter muss zu Hause bleiben.
6 ○ Die Tochter darf nicht mit jungen Männern zusammen sein.
7 ○ Man darf keinen Alkohol trinken, das sagt die Religion.
8 ○ Die Eltern sagen: „Du machst, was wir wollen. Oder du bekommst kein Essen."
9 ○ Die Eltern schlagen ihr Kind.
10 ○ Die Eltern sagen: „Du darfst das, aber du musst um 21:00 Uhr zu Hause sein."
11 ○ Die Eltern sagen: „Nein" und ihre Tochter muss einen Tag in ihrem Zimmer bleiben.
12 ○ Die Tochter darf das, aber nur mit ihrem Bruder zusammen.
13 ○ Die Eltern möchten das nicht, das ist gefährlich. Sie erklären das ihrer Tochter.
14 ○ Die Eltern suchen eine Erziehungshilfe.
15 ○ Die Eltern erlauben das, aber die Tochter darf nicht allein nach Hause kommen. Die Eltern wollen sie abholen.

b Welche Antworten / Reaktionen gehen in Österreich? Welche gehen nicht? Notieren Sie.

Das geht: *1* .... Das geht nicht: ....

Text in Ihrer Sprache

c Lesen Sie den Text. Vergleichen Sie dann mit Ihren Lösungen in b.

> Jede Anwendung von Gewalt ist in der Familie verboten und wird bestraft. Das gilt auch für Eltern, egal welcher Religion sie angehören.

d Sehen Sie noch einmal das Foto an und lesen Sie noch einmal die Situation. Was machen Sie als Eltern? Sprechen Sie.

Ich finde 10 und 15 gut. Ich erlaube das und hole meine Tochter dann um 21:00 Uhr ab.

Nein, ich finde ...

Arbeitsblatt 16, Seite 3

4 Strafen

Text in Ihrer Sprache

a Was glauben Sie? Welche Strafen gibt es in Österreich, wenn man etwas tut, das verboten ist? Kreuzen Sie an. Für wen? Für Erwachsene (E)? Für Jugendliche (J)? Ordnen Sie zu.

> Gemeinnützige Leistung: Man arbeitet im Krankenhaus, in Altenheimen, an öffentlichen Plätzen, z. B. Schneeräumen im Winter, ...; für diese Arbeiten bekommt man kein Geld. Aber das geht nur bei kleinen Strafen.

○	Gefängnis	○	○
○	gemeinnützige Leistungen	○	○
○	Arbeitslager	○	○
○	kein Essen	○	○
○	keine Schule/Kurse	○	○
○	Prügelstrafe	○	○
○	Geldstrafe	○	○
○	Hausarrest	○	○

Text in Ihrer Sprache

b Lesen Sie den Text. Vergleichen Sie mit Ihren Lösungen in a.

> Hält man sich nicht an Regeln, dann können Geldstrafen die Folge sein: Z. B. beim Autofahren (Bußgeld) oder wenn das Kind mehrmals unentschuldigt in der Schule fehlt. Gefängnisstrafen können nur vom Gericht verhängt werden. Die Dauer der Gefängnisstrafen hängt von der Schwere des Vergehens ab. Kurze Gefängnisstrafen können als gemeinnützige Leistungen abgearbeitet werden (hängt vom Gericht ab). Jugendliche von 14 bis 18 Jahren fallen unter das Jugendstrafrecht. Vor allem das Jugendstrafrecht hat starke erzieherische Aspekte.

c Vergleichen Sie mit Ihrem Heimatland. Was ist auch so? Was ist anders? Sprechen Sie.

Ich komme aus ...
Bei uns ...

Arbeitsblatt 17, Seite 1

1 Arzt oder Ärztin

a Was glauben Sie? Was geht? Was geht nicht? Kreuzen Sie an.

A

B

C

D

○ geht ○ geht nicht ○ geht ○ geht nicht ○ geht ○ geht nicht ○ geht ○ geht nicht

Text in Ihrer Sprache

b Lesen Sie den Text. Vergleichen Sie dann mit Ihren Lösungen in a. Welche Regel gilt zu welchem Bild? Ordnen Sie zu.

1 Kann man seinen Arzt frei wählen? Ja, das geht. Und Ihre Behandlung bezahlt die Krankenkassa. Aber beachten Sie: Nur bei Vertragsärzten von Krankenversicherungsträgern müssen Sie nichts bezahlen, wenn Sie Ihre e-card haben. Sie können sich den Arzt oder die Ärztin aussuchen, zu der Sie mehr Vertrauen haben. Sie müssen nicht sagen, warum.

2 Kann man im Notfall die Versorgung durch eine Betriebsärztin / einen Betriebsarzt bzw. Notärztin / Notarzt bei einem Arbeitsunfall / Notfall verweigern? Ja, Sie können sagen, dass Sie nicht behandelt werden wollen. Dann müssen Sie unterschreiben, dass Sie wissen, dass Sie dann sterben können. Sie können die Behandlung aber nicht verweigern, weil Ihnen das Geschlecht / die Herkunft / der unterstellte Glaube der Betriebsärztin / des Betriebsarztes / der Notärztin / des Notarztes nicht passt und einen anderen fordern.

3 Können Sie einer Ärztin / einem Arzt die Behandlung Ihrer Angehörigen / Ihres Angehörigen verbieten, weil Ihnen das Geschlecht / die Herkunft / der unterstellte Glaube der Ärztin / des Arztes nicht passt? Nein, Sie können grundsätzlich nicht verbieten, dass eine andere Person behandelt wird, auch dann nicht, wenn es Ihre Partnerin / Ihr Partner ist.

4 Sie können grundsätzlich entscheiden, ob Sie eine Behandlung wollen oder nicht. Die Ärztin / Der Arzt muss Ihnen – wenn es sie gibt – die Alternativen mit Vor- und Nachteilen aufzeigen. Gegebenenfalls müssen Sie unterschreiben, dass Ihnen bewusst ist, welche Konsequenzen Ihre Haltung haben kann.

Bild A ○ Bild B ○ Bild C ○ Bild D ○

c Sehen Sie die Bilder an und ordnen Sie die Sprechblasen zu. Wie finden Sie das? Sprechen Sie.

1 *Bitte, gehen Sie nach Hause. Die Patientin bekommt hier alles. Die Patientinnen brauchen viel Ruhe.*

2 *Bitte, gehen Sie. Die Patientin kommt allein zu mir. Ich darf Ihnen nicht sagen, was ihr Gesundheitsproblem ist. Sie kann das Ihnen dann erzählen. Aber sie muss das nicht.*

3 *Wo sind denn deine Mutter oder dein Vater? Kannst du mir die Telefonnummer von deinen Eltern geben? Deine Mutter oder dein Vater müssen auch kommen.*

A

○

B

○

C
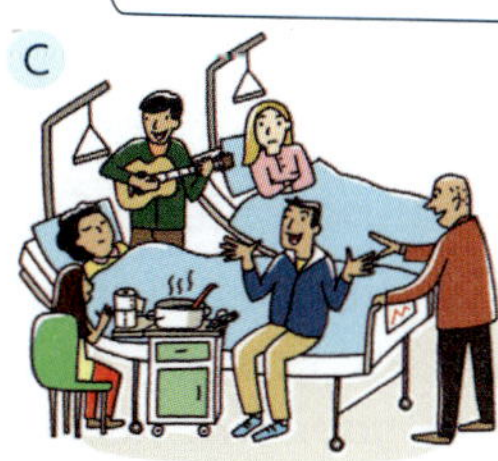
○

.... finde ich nicht gut.

Arbeitsblatt 17, Seite 2

2 Zur Ärztin / Zum Arzt gehen

a Warum gehen diese Personen in Österreich zum Arzt. Lesen Sie.

1. Ich bin krank. Ich kann heute nicht arbeiten.
2. Ich bin krank. Ich komme jeden Montag und bekomme eine Behandlung.
3. Ich bin krank. Ich muss jeden Tag Medikamente nehmen. Ich brauche ein neues Rezept. Dann muss ich noch zur Apotheke. Da hole ich die Medikamente.
4. Ich möchte eine Vorsorgeuntersuchung machen lassen.
5. Ich brauche eine Impfung für mein Kind.
6. Mein Kind braucht die Vorsorgeuntersuchung 8, es ist vier Jahre alt.
7. Ich brauche ein Rezept. Ich möchte nicht schwanger werden.
8. Ich erwarte ein Kind. Ich komme zur Mutter-Kind-Pass-Untersuchung.

b Wie ist das in Ihrem Heimatland? Erzählen Sie.

Bei uns bekommt man die Medikamente ...

Text in Ihrer Sprache

c Lesen Sie den Text. Viele Menschen in Österreich finden die Vorsorgeuntersuchungen gut. Was meinen Sie? Was sagen die Personen? Kreuzen Sie an.

> Es gibt Vorsorgeuntersuchungen für Kinder und Erwachsene. Man muss nicht zu Vorsorgeuntersuchungen gehen, aber man soll. Die Menschen sind länger gesund und fit. Die Ärzte können Krankheiten früh finden. Der Staat Österreich bezahlt die Vorsorgeuntersuchungen.

- ○ Manche Kinder haben Probleme. Man kann sie schnell finden und ihnen helfen.
- ○ Viele Krankheiten kann man nicht sofort sehen. Die Vorsorgeuntersuchung (einmal im Jahr) kann helfen. Man bekommt schnell eine Behandlung.
- ○ Eltern lieben ihre Kinder. Aber sie sind keine Ärzte. Die Vorsorgeuntersuchung hilft ihnen. Den Eltern und den Kindern geht es besser.
- ○ Erwachsene: Die Vorsorgeuntersuchung hilft ihnen. Sie werden dann oft nicht sehr krank.

3 Wie finden Sie das Gesundheitssystem in Österreich? Sprechen Sie.

Krankenversicherung | Ärztinnen und Ärzte | Krankenhäuser | Regeln in Krankenhäusern | Vorsorgeuntersuchungen für Kinder | Vorsorgeuntersuchungen für Erwachsene

Die Vorsorgeuntersuchungen für Kinder finde ich gut.

Ich gehe allein zu meinem Frauenarzt. Das finde ich gut.

4 Was können Sie in Österreich für Ihre Gesundheit tun? Was können Sie für die Gesundheit von Ihren Kindern tun? Sprechen Sie.

Ich habe eine Krankheit. Ich lerne die deutschen Wörter.

Ich gehe mit meinem Baby zu den Vorsorgeuntersuchungen.

Arbeitsblatt 18

Eine Krankmeldung

a Was steht in der Krankmeldung? Was ist richtig? Was ist erlaubt? Kreuzen Sie an. Vergleichen Sie die Lösungen.

Familienname, Vorname(n): Müller, Luise	Versicherungsträger: WGKK
Krankenstandsadresse: Wienerstraße 13, 8051 Graz	Versicherungsnummer: 879870987098709
Arbeitsunfähig von: 15.4.	bis: 28.5.
Unterschrift und Stempel der Ärztin/des Arztes	

1 ○ In der Krankmeldung steht: Frau Luise Müller ist krank und kann nicht arbeiten. Der Chef weiß: Luise Müller ist krank. Sie kommt am 29.5. zurück in die Arbeit.

2 ○ In der Krankmeldung steht: Luise Müller ist krank. Sie hat Probleme mit ihren Augen. Der Chef weiß: Die Krankheit von Luise Müller ist schlimm.

3 ○ Der Chef liest die Krankmeldung. Er ruft Luise Müller an und sagt: „Die Krankheit ist nicht so schlimm, Frau Müller, Sie müssen heute Nachmittag wieder arbeiten."

4 ○ Der Chef liest die Krankmeldung. Er ruft Luise Müller an und sagt: „Frau Müller, Sie sind krank und Sie arbeiten lange nicht. Ich brauche Sie nicht mehr. Sie sind arbeitslos. Ich suche eine andere Person für die Stelle."

5 ○ Der Chef bekommt die Krankmeldung. Es ist alles in Ordnung. Luise Müller bekommt weiter ihr Geld für ihre Arbeit. Sie bekommt keine Probleme.

6 ○ Der Chef bekommt die Krankmeldung von Luise Müller. Er weiß, Frau Müller kommt ca. 6 Wochen nicht. Er sagt, wer die wichtige Arbeit von Frau Müller jetzt machen muss.

Text in Ihrer Sprache

b Diese Regeln gelten für eine Krankmeldung.

- Wenn man krank ist, muss man den Arbeitgeber oder die Schule informieren. Der Arbeitgeber will schon für Tag 1 eine Krankmeldung vom Arzt, vielleicht aber nur ab Tag 2 oder 3. Das ist verschieden.
- Eine Krankmeldung geht nur, wenn man krank ist. Ist man sehr viel krank, kann es Kontrollen geben.
- Man darf nicht arbeiten, wenn man krank ist. Auch zu Hause nicht.

c Wie finden Sie die Regeln? Kreuzen Sie an. Und sprechen Sie im Kurs.

☺ ○ Ich finde das gut. Ich bin krank, mein Chef bekommt die Krankmeldung. Ich bekomme die Behandlung vom Arzt und Geld. Ich werde gesund.

😐 ○ Ich finde das schwierig. Ich bin krank. Ich muss zum Arzt gehen. Ich muss die Krankmeldung schicken.

☹ ○ Ich finde das nicht gut. Ich bin krank. Ich rufe meinen Chef an. Das ist genug. Ich gehe nicht gern zum Arzt.

Ich finde das nicht gut …

Doch, ich finde das gut. In meinem Heimatland gibt es keine Krankmeldung. Da kann der Chef sagen: „…

Arbeitsblatt 19, Seite 1

1 Notfälle zu Hause

a Kursbuch Schritte PLUS NEU 2 Österreich, Lektion 10, Seite 41. Lesen Sie noch einmal den Text „Hilfe holen – Tipps für den Notfall". Was bedeuten die Wörter in Ihrer Muttersprache? Schreiben Sie.

Dienst	Muttersprache	Telefonnummer
(haus)ärztlicher Notdienst / Ärztefunkdienst		
Rettung		
Rettung mit Notarzt		
zahnärztlicher Notdienst		
Apotheken-Notdienst		

b Tragen Sie in die Tabelle in a die Telefonnummern ein (141, 144/112, 1455).

c Suchen Sie die Notrufnummern, die Sie persönlich brauchen können, im Internet http://www.notrufnummer.at/ und notieren Sie sie.

d Sehen Sie die Fotos an. Was machen Sie? Ordnen Sie die Reaktionen den Bildern zu. Zwei Reaktionen passen nicht. Vergleichen Sie Ihre Lösungen.

1 die Rettung rufen · 2 den Kinderarzt anrufen · 3 Notdienst der Apotheke suchen
4 zum Hausarzt gehen · 5 den Kindernotarzt rufen
6 den ärztlichen Notdienst rufen oder in die Ambulanz im Krankenhaus gehen

A
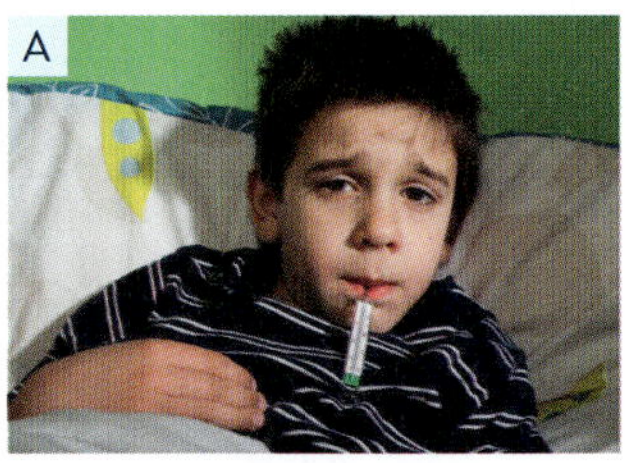
Kind – 8 Jahre
Husten und Schnupfen, 38° Fieber

○

B

Kind – 12 Jahre
schlimme Bauchschmerzen, Kreislauf schlecht, 41° Fieber, reagiert nicht

○

C

Mann, 55 Jahre
hört, aber spricht nicht, Schmerzen im Bein

○

D

Frau, 25 Jahre
Husten, Halsschmerzen, Schnupfen, kann nicht arbeiten

○

 978-3-19-391081-3

Arbeitsblatt 19, Seite 2

2 Ein Unfall auf der Straße

a Sie sehen diesen Unfall. Wie ist Ihre Reaktion? Was machen Sie? Kreuzen Sie an. Vergleichen Sie im Kurs.

Ihre Reaktion	Reihenfolge	
○	○	Ich bin kein Arzt, ich fahre oder gehe weiter.
○	○	Ich stoppe ein Auto.
○	○	Ich rufe die Polizei.
○	○	Ich schreie um Hilfe.
○	○	Ich rufe die Rettung.
○	○	Ich hole jemanden.
○	○	Ich sichere die Unfallstelle.
○	○	Ich gehe zum Auto und helfe den Personen im Auto.
○	○	Ich spreche mit den Personen im Auto.

b Was meinen Sie? Was macht man zuerst? Bringen Sie Ihre Reaktionen in a in eine Reihenfolge. Sprechen Sie.

Zuerst spreche ich mit den Personen im Auto.

Nein, zuerst … Dann …

Text in Ihrer Sprache

c Lesen Sie den Text. Wie finden Sie das? Kreuzen Sie an und sprechen Sie im Kurs.

> Hilfeleistung ist in Österreich Pflicht. Wer an einer Unfallstelle nicht hilft und nicht versucht, schwerere körperliche Schäden bzw. sogar den Tod von verletzten Personen durch Hilfeleistung zu verhindern, kann dafür mit einer Freiheitsstrafe belangt werden. Niemand muss sich aber dabei in Gefahr bringen.
> Das Rufen der Rettung und dann die Sicherung der Unfallstelle gelten schon als Hilfeleistung.
> Es empfiehlt sich, einen Kurs in erster Hilfe zu machen. Dann kann man immer helfen.

☺ ○ Das finde ich gut. Jeder hilft jedem.
😐 ○ Ich finde das schwierig. Ich spreche nicht gut Deutsch.
☹ ○ Ich kann nicht helfen. Ich kann nicht telefonieren. Ich kann nicht sprechen.

Arbeitsblatt 20, Seite 1

1 Menschen helfen

a Lesen Sie den Eintrag im Chat. Wie viele Daumen würden Sie geben? Kreuzen Sie an.

Aktiv22: Ich arbeite jede Woche 5 Stunden in einer Nachbarschaftshilfe. Ich helfe alten Menschen: Ich gehe einkaufen, ich putze, ich koche, ich spreche mit ihnen oder lese vor. Für mich ist das ganz wichtig. Und: Ich nehme dafür kein Geld.

○ 👍👍👍👍 super ○ 👍👍👍 sehr gut ○ 👍👍 gut ○ 👍 so lala

b Machen Sie eine Kursstatistik. Sprechen Sie dann im Kurs. Wie viele finden den Eintrag im Chat super, sehr gut, gut, so lala? Sprechen Sie.

👍👍👍👍	👍👍👍	👍👍	👍
/			

Nur eine Person findet den Chat …

2 Freiwilligenarbeit in Österreich

Text in Ihrer Sprache

a Lesen Sie den Text. Was ist richtig? Kreuzen Sie an.

Neben den staatlichen Organisationen mit professionellen Mitarbeitern helfen sich in Österreich die Menschen oft auch gegenseitig, ohne Bezahlung, freiwillig, „ehrenamtlich". Das nennt man Ehrenamt oder Freiwilligenarbeit. Jedes Jahr arbeiten die Helfer mehr als 700 Millionen Stunden in staatlichen oder privaten Organisationen. Und fast die Hälfte aller Österreicher über 15 Jahren macht da mit. Die Hilfsorganisationen können ohne diese Hilfe nicht existieren. Sie haben nicht genug Geld, um ca. 400 000 Vollbeschäftigte jedes Jahr zu bezahlen.
Besonders oft findet man solche Helferinnen und Helfer bei der „freiwilligen Feuerwehr", in sozialen Organisationen, bei Sportvereinen oder bei Hilfsorganisationen (z. B. Rotes Kreuz, Caritas). Sie engagieren sich in Altenheimen, in der Nachbarschaftshilfe, in der Flüchtlingshilfe oder bei Naturkatastrophen, wie zum Beispiel bei Hochwasser oder nach Lawinen.
Bei der Integration in Österreich kann die freiwillige Mitarbeit in einem solchen Ehrenamt hilfreich sein.

1 ○ Viele Menschen in Österreich | ○ Nur wenige Menschen in Österreich arbeiten ehrenamtlich.
2 Jedes Jahr ○ bezahlt der Staat | ○ arbeiten die Helfer mehr als 700 Millionen Stunden.
3 Solche Helfer findet man zum Beispiel ○ in Sportgeschäften | ○ in Sportvereinen.
4 Für Personen in Integrationskursen ist die Freiwilligenarbeit ○ schlecht | ○ gut.

Arbeitsblatt 20, Seite 2

b Wer macht was? Verbinden Sie. Vergleichen Sie mit den Lösungen.

	Was machen die Leute?	Bei welcher Organisation?
○ 1	bei großen Unfällen helfen	Caritas/Johanniter/...
○ 2	mit Kindern Sport machen	freiwillige Feuerwehr
○ 3	neuen Flüchtlingen im Alltag helfen	Nachbarschaftshilfe
○ 4	in der Natur aufräumen	Flüchtlingshilfe
○ 5	alten Menschen zu Hause helfen	Bergrettung
○ 6	Menschen nach Lawinen in den Bergen suchen	Sportverein
○ 7	behinderten Menschen helfen	Naturschutz

c Welche Aufgabe gefällt Ihnen? Kreuzen Sie in b an.

d Wer macht die Aufgaben aus b in Ihrer Heimat? Notieren Sie.

Armee | Polizei | Feuerwehr | Katastrophenschutz | Rotes Kreuz / Roter Halbmond | Nachbarn | Freunde | man selber | Regierung | Internationale Organisationen | Ich weiß nicht | ...

1 das macht die Armee 2 ...

e Was haben Sie schon gemacht? Was möchten Sie in Österreich vielleicht einmal machen? Kreuzen Sie an und notieren Sie (aus b oder Ihre Ideen).

- ☺ ○ Das habe ich schon einmal gemacht. Und das möchte ich gern machen. ....
- ☺ ○ Ich habe das noch nicht gemacht. Aber das möchte ich vielleicht probieren. ....
- 😐 ○ Ich kann nicht so gut Deutsch. Aber wenn mein Kurs zu Ende ist, möchte ich das machen. ....
- 😐 ○ Alleine kann ich das nicht. Aber zusammen mit anderen Personen. ....
- ☹ ○ Ich kann das alles nicht. ....
- ☹ ○ Ich will nicht freiwillig arbeiten. Ich muss viel arbeiten und Geld verdienen. ....

f Was kann man dort machen, wo Sie in Österreich wohnen? Recherchieren Sie.

Arbeitsblatt 21

1 „Ihre Fahrscheine bitte“

a Sie sitzen in der Straßenbahn, jemand ruft „Fahrscheine bitte“. Was machen Sie? Kreuzen Sie an.

Fahrscheine bitte!

- ○ Ich suche meinen Fahrschein.
- ○ Ich sage: „Kann ich Ihren Ausweis sehen?“
- ○ Ich zeige meinen Personalausweis.
- ○ Ich stehe auf und mache meinen Platz frei.
- ○ Ich suche mein Geld und kaufe einen Fahrschein.
- ○ Ich ziehe mich an und steige einfach an der nächsten Haltestelle aus.
- ○ Ich zeige meinen Fahrschein.
- ○ Ich sage „Entschuldigung“ und bezahle den Fahrschein und die Strafe.

Text in Ihrer Sprache

b Lesen Sie den Text. Ist Ihre Reaktion in a richtig? Entscheiden Sie.

> Kontrolleure im öffentlichen Verkehr (Bus, Straßenbahn, U-Bahn, ...) müssen ihren Ausweis zeigen, wenn sie im Dienst sind. Kontrolleure, Schaffner dürfen keinen Passagier anhalten oder festhalten – zum Beispiel, wenn er oder sie keinen Fahrschein hat und einfach weglaufen will. Aber sie rufen dann immer die Polizei. Wer ohne Fahrschein (schwarz) fährt und erwischt wird, kann die Fahrkarte bezahlen und den Beförderungszuschlag. Wer Lügengeschichten erzählt, einen falschen Ausweis zeigt, kann auch mit einer echten Strafe rechnen. Das kann sogar einen Monat Gefängnis bedeuten oder eine hohe Geldstrafe. Im Zug ist das immer ein großes Problem.

c Was meinen Sie? Wie ist Fahren ohne Fahrschein in der U-Bahn? Kreuzen Sie an und sprechen Sie.

Das ist (sehr) schlimm. | Das ist teuer. | Das ist nicht so schlimm. | Das ist passiert. | Man will nicht schwarz fahren, aber das kann passieren. | Dann muss man Strafe zahlen. | Ich kann schnell laufen. | Das soll man nicht tun. | ...

- ☹ ○ Das ist schlimm.
- 😐 ○ Das ist nicht so schlimm.
- ☺ ○ Das ist nicht schlimm.

Ich meine, das soll man nicht tun. Aber das ist nicht so schlimm. Aber es ist teuer.

2 Wo kann man in Ihrem Kursort Fahrscheine (Tickets) für Bus / Straßenbahn (Tram) / U-Bahn kaufen? Wo für den Zug? Sprechen Sie und notieren Sie.

Automat | Trafik | Bahnhof | Schaffner | ...

Fahrscheine für Bus / Tram / U-Bahn / : Automat Haltestelle ...

....

Fahrscheine für den Zug: ....

Wo kann ich einen Fahrschein für die Straßenbahn kaufen? Weißt du das?

Kennst du die Haltestelle ...? Da ist ein Automat.

Arbeitsblatt 22

Das soll man nicht tun – oder?

a Was meinen Sie? Was soll man in Österreich nicht tun? Kreuzen Sie an. Vergleichen Sie im Kurs.

A ○ 
B ○ 
C ○ 
D ○ 
E ○ 
F ○ 
G ○ 
H ○ 
I ○ 
J ○ 
K ○ 
L ○ 

b Was haben Sie in Österreich schon beobachtet? Notieren Sie.

H, ...

c Was aus a ist in Ihrem Kursort verboten? Bekommt man eine Strafe? Notieren Sie.

E ist verboten und man bekommt eine Strafe.

d Was aus a ist in Ihrem Heimatland verboten? Notieren Sie und sprechen Sie.

e Kennen Sie so etwas? Die Menschen in Österreich tun das, aber in Ihrem Heimatland soll man das nicht machen? Notieren Sie und sprechen Sie.

☹ Nase putzen mit Taschentuch

Die Menschen in Österreich putzen ihre Nase mit Taschentüchern. Das macht man bei uns nicht.

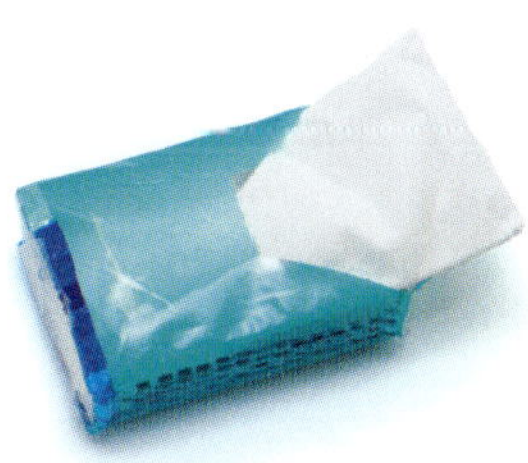

Arbeitsblatt 23, Seite 1

1 Männer und Frauen in der österreichischen Gesellschaft

a Lesen Sie die Sätze 1–12. Sind die Aussagen richtig (r) oder falsch (f)? Kreuzen Sie an. Vergleichen Sie im Kurs und sprechen Sie.

		richtig	falsch
1	Die Familie sagt, wer wen heiraten darf.	○	○
2	Man kann auch ohne Ehe Kinder haben.	○	○
3	Familie ist nur Vater + Mutter + Kind(er).	○	○
4	Auch zwei Männer oder zwei Frauen können eine Familie gründen und Kinder haben.	○	○
5	Niemand darf sagen, wie man leben muss, auch die Kirche nicht.	○	○
6	Kein Mann darf zwei Frauen heiraten, keine Frau darf zwei Männer heiraten.	○	○
7	Man darf erst mit 18 Jahren heiraten, das gilt für junge Frauen und junge Männer.	○	○
8	Frauen und Männer dürfen ihren Beruf frei wählen.	○	○
9	Frauen mit Kindern müssen zu Hause bleiben und waschen, putzen, kochen.	○	○
10	Der Staat Österreich hilft Frauen, die arbeiten wollen. Die Kinder können in den Hort und in den Kindergarten gehen.	○	○
11	In der Schule gibt es im Unterricht keinen Unterschied zwischen Mädchen und Buben.	○	○
12	In Freizeit, Hobby und Sport sind viele Dinge für Mädchen verboten.	○	○

Satz 12: Da habe ich noch Probleme. Mädchen und Frauen dürfen auch Fahrrad fahren. Das ist für meine Familie ein Problem.

b Was meinen Sie? Gibt es einen „Chef" in der Familie? Wer ist der „Chef"? Lesen Sie die Aussagen. Was finden Sie richtig? Kreuzen Sie an. Sprechen Sie im Kurs.

Ich finde Nr. ... richtig. Bei uns ist das so.

Ich finde: Frauen müssen alles entscheiden!

A ○ *Ich bin der Mann. Ich entscheide allein. Alle in der Familie müssen machen, was ich sage.*

B ○ *Mein Mann und ich, wir sprechen gemeinsam über alles. Und entscheiden gemeinsam.*

C ○ *Bei uns entscheiden mein Mann und meine Söhne. Ich und meine Töchter, wir dürfen nichts entscheiden. Wir sind nicht frei.*

D ○ *Das Leben in der Familie und mit den Kindern: Da entscheiden meine Frau und ich gemeinsam. Das Leben im Beruf und in der Freizeit: Da entscheidet meine Frau für ihr Leben und ich für mein Leben.*

E ○ *Frauen dürfen zu Hause entscheiden. Aber draußen in der Gesellschaft, auf der Straße, im öffentlichen Leben, da entscheiden die Männer.*

Arbeitsblatt 23, Seite 2

c Welche Aussagen in b sind für Österreich richtig? Notieren Sie. Wie ist das für Sie? Kreuzen Sie an und sprechen Sie.

Aussagen: ....

○ ☺ Das Leben in Österreich ist für mich (und meine Familie) überhaupt kein Problem. Bei uns entscheiden immer alle gemeinsam.

○ 😐 Für uns ist das Leben in Österreich neu und fremd. Aber wir versuchen das. Wir sprechen viel in der Familie.

○ 😐 In meinem Heimatland entscheidet der Mann. Ich glaube, das ist für uns richtig. Aber mein Sohn und/oder meine Tochter / meine Kinder sollen frei entscheiden.

○ ☹ In meinem Heimatland entscheidet der Mann. Ich glaube, das ist richtig. Wir wollen das so. Wir können nicht leben wie die Menschen in Österreich.

Für uns ist das Leben in Österreich nicht so einfach ...

Für uns ist das klar! Das ist in unserem Heimatland auch so.

2 Probleme in der Partnerschaft / in der Ehe / in der Beziehung?

a Woher kennt man diese und ähnliche Situationen? Kreuzen Sie an.

1 ○ Sieht man manchmal in Filmen.
2 ○ Sieht man manchmal auf der Straße in Österreich.
3 ○ Sieht man nicht, aber liest man in der Zeitung.
4 ○ Sieht man in meinem Heimatland zu Hause.
5 ○ Kennt man bei Freunden zu Hause.
6 ○ Sieht oder hört man bei Nachbarn.
7 ○ Das sieht man in der Ehe. Das ist doch normal.

b Was ist das Problem mit den Situationen in a? Welche Aussage ist richtig? Kreuzen Sie an.

1 ○ Nur B–D sind in der Partnerschaft / in der Ehe / in Beziehungen in Österreich verboten.
2 ○ Nur D ist in der Partnerschaft / in der Ehe / in Beziehungen in Österreich verboten.
3 ○ Nur A–C sind in der Partnerschaft / in der Ehe / in Beziehungen in Österreich verboten.
4 ○ Verboten sind A–D: Jede Gewalt in der Partnerschaft / in der Ehe / in Beziehungen ist in Österreich verboten.
5 ○ Nur B und C sind in der Partnerschaft / in der Ehe / in Beziehungen in Österreich verboten.

Arbeitsblatt 23, Seite 3

Text in Ihrer Sprache

c Lesen Sie den Text und vergleichen Sie mit Ihren Lösungen in b.

Gewalt hat verschiedene Ursachen. Trotzdem: Für Gewalt gibt es außer der Notwehr keine Entschuldigung. Und deshalb gilt auch: Jede Form von Gewalt in der Partnerschaft / in der Ehe / in Beziehungen gegenüber von Partnern oder Kindern ist in Österreich gesetzlich verboten und wird strafrechtlich verfolgt. Auch wenn die eigene Religion das erlaubt. Unter Gewalt wird jede Form von Tätlichkeit als Strafe oder als Ausübung von Macht, jede Tätlichkeit gegenüber einem Menschen gegen seinen Willen, so auch der Zwang zu sexuellen Handlungen verstanden. Gewaltanwendung widerspricht dem Recht auf freie Selbstbestimmung des Menschen.

d Was können alle Menschen, Kinder und Erwachsene in akuten Notsituationen tun? Recherchieren Sie im Internet. Was gibt es an Ihrem Kursort? Notieren Sie.

....

A http://www.frauenhelpline.at/
B Polizei: Telefon 133 oder 112; SMS 0800 133 133
C Frauen Helpline: 0800 222 555
D Krisennotrufnummer: Telefon 142
E HOSI Homosexuelle Initiative Wien – E-Mail-Kontakt über Internet
F Kindernotruf – Nummer gegen Kummer: Telefon 0800 567 567 oder 147
G Rat auf Draht – Teenager-Notrufnummer: 147
H Frauenhäuser

e Was kann man Frauen / Kindern / Jugendlichen / Männern empfehlen? Sprechen Sie.

Zum Beispiel: Eine Tochter hat Probleme mit dem Vater. Sie kann die Nummer in G anrufen.

Arbeitsblatt 24

1 Problem: Wohin mit den Kindern in der Arbeitszeit?

a Die Eltern arbeiten. Wo sind die Kinder? Wie ist das in Ihrem Heimatland? Sprechen Sie.

bei den Großeltern | bei der Tagesmutter | im Kindergarten | in der Krippe | in der Ganztagsschule | mit einem Kindermädchen | in der Großfamilie mit Tanten/Onkeln/Cousins/Cousinen/... | bei Nachbarn | allein zu Hause | spielen mit anderen Kindern draußen | mit Vater oder Mutter zu Hause | ...

Viele Eltern arbeiten. Bei uns sind die Kinder dann ...

Oft arbeiten die Eltern im Ausland. Die Kinder sind dann bei den Großeltern.

b Was wissen Sie: Welche Möglichkeiten gibt es in Österreich? Sprechen Sie mit den Informationen aus a.

c Welche Möglichkeiten gibt es in Ihrem Kursort? Recherchieren Sie und erzählen Sie.

2 Kinder haben und arbeiten?

a Lesen Sie die Aussagen? Was ist für Sie richtig? Kreuzen Sie an.

A ○ *Kinder brauchen ihre Mütter. Mütter sollen nicht arbeiten, das ist nicht gut für die Kinder.*

B ○ *Kinder brauchen zu Hause eine Person. Wer zu Hause ist, das ist egal.*

C ○ *Für Kinder sind Krippe, Kindergarten, Ganztagsschulen gut. Die Eltern sind dann nach der Arbeit mit den Kindern zu Hause.*

D ○ *Die Eltern können arbeiten. Aber dann müssen die Kinder zu den Großeltern.*

E ○ *Da gibt es keine Regel. Jede Familie entscheidet, was gut für sie ist.*

Text in Ihrer Sprache

b Lesen Sie auch den Infotext. Wie finden Sie das? Sprechen Sie.

> Der Staat unterstützt Familien, damit beide Elternteile arbeiten können, wenn sie wollen oder müssen. Die Kinderbetreuung ist meist kostenlos. Es ist sehr wichtig, dass man Beruf und Familie verbinden kann. Der Staat sorgt für eine gute Betreuung, Erziehung und Förderung der Kinder in den Betreuungseinrichtungen.

Das finde ich gut. Jede Familie kann ...

Arbeitsblatt 25, Seite 1

1 Geld bekommen

a Sie haben einen Job und arbeiten. Wie bekommen Sie Ihr Geld? Was ist richtig? Kreuzen Sie an.

A

○ Die Firma überweist das Geld auf Ihr Konto.

B

○ Sie bekommen das Geld bar in der Firma, Sie zahlen das Geld auf Ihr Konto ein.

C

○ Sie bekommen in der Firma einen Scheck, geben ihn der Bank, das Geld kommt auf Ihr Konto.

b Sie sind selbstständig. Sie haben für einen Kunden etwas gemacht. Wie bekommen Sie Ihr Geld? Was ist richtig? Kreuzen Sie an. (Eine Antwort ist falsch.)

A

○ Sie schicken eine Rechnung, der Kunde überweist das Geld.

B

○ Sie schreiben eine Rechnung und bekommen das Geld bar.

C

○ Sie sagen einen Betrag und bekommen das Geld bar.

c Wie ist das in Ihrem Heimatland? Sprechen Sie.

2 Sie haben ein Konto und eine Bankomatkarte und Ihr Geld ist da. Was können Sie alles machen? Sprechen Sie.

am Bankomat Geld holen | am Bankterminal Geld überweisen | im Geschäft bezahlen | am Bankterminal einen Dauerauftrag für meine Miete einrichten | eine Einzugsermächtigung für Strom/Wasser/... geben | meine Kontoauszüge am Terminal holen

Ich kann am Bankomat Geld holen.

3 Ihr Geld – so sind Sie sicher.

a Was braucht man? Was passt? Ordnen Sie zu.

1 ~~PIN-Nummer~~ | 2 Unterschrift | 3 PIN-Nummer | 4 Unterschrift | 5 Kennziffer | 6 Nummer von der Bankfiliale | 7 Kontonummer | 8 Passworte | 9 Mobile-TAN

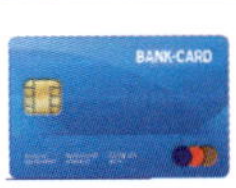
Bankomatkarte 1 ....

Kreditkarte ....

Online-Banking ....

Arbeitsblatt 25, Seite 2

b Was meinen Sie? Sind die Aussagen 1–8 richtig (r) oder falsch (f)? Kreuzen Sie an und vergleichen Sie.

		richtig	falsch
1	Mein Geld bekomme ich auf mein Konto.	○	○
2	Online-Banking kostet nichts oder wenig.	○	○
3	Ich kann im Online-Banking Geld überweisen, Daueraufträge machen.	○	○
4	In mein Konto darf jeder reingehen.	○	○
5	Ich soll einen Zettel mit meinen PIN-Nummern und Kontopasswörtern in meiner Tasche haben.	○	○
6	Ich muss schauen, wie viel Geld ich habe.	○	○
7	Kein Geld auf dem Konto ist ein Problem, das kann teuer sein.	○	○
8	Online-Banking kann ich am Computer oder am Smartphone machen.	○	○
9	Es gibt viele Bankomaten. Ich kann dort alles machen.	○	○

c In Österreich: Wie bezahlen Sie wo? Schreiben Sie.

mit Kreditkarte | mit Bankomatkarte | mit Überweisung | mit Geld

Bäckerei: ....

Supermarkt: ....

Online-Shop: ....

Mechaniker: ....

Restaurant: ....

Hamburger / Döner: ....

d Wie ist das in Ihrem Heimatland? Sprechen Sie.

In meinem Heimatland muss ich immer bar bezahlen.

Arbeitsblatt 26, Seite 1

1 Das richtige Gewand

a Was kann/muss eine Frau anziehen? In Ihrem Heimatland (H)? In Österreich (A)? Ordnen Sie zu. Vergleichen Sie im Kurs.

1 Was kann/darf sie am Strand anziehen?

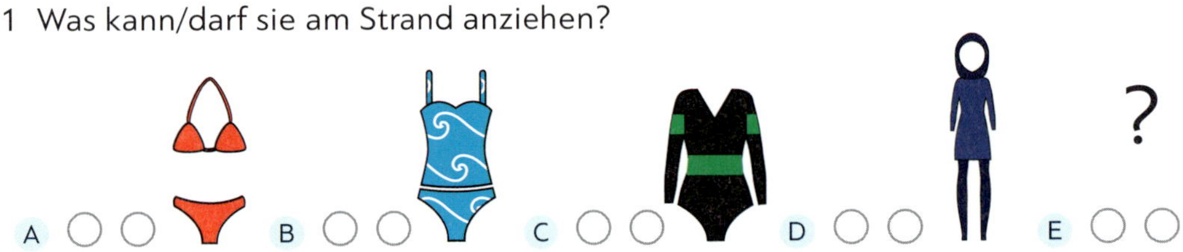

In Österreich darf man am Strand A, …

In meinem Heimatland muss …

2 Was kann/muss sie in der Stadt auf der Straße anziehen?

Bei uns muss man auf der Straße …

In Österreich kann man …

3 Was meinen Sie? Was ist im Büro erlaubt?

Bei uns muss man im Büro C anziehen. B ist nicht erlaubt.

Ich meine, in Österreich ist F …

G ?

b Was kann/muss ein Mann in Österreich anziehen? Was meinen Sie? Notieren Sie und sprechen Sie.

Bei uns muss man im Büro L anziehen.

Auf der Straße: O ....

Am Strand: ....

Im Büro: ....

In der Kirche: ....

Arbeitsblatt 26, Seite 2

2 Besondere Situationen

A 

B 

a Eine Frau trägt in der Sauna oder am Strand kein Gewand. Was meinen Sie? Was bedeutet das in Österreich für einen Mann? Kreuzen Sie an.

○ Nichts, das ist normal. Das bedeutet für den Mann gar nichts.

○ Das bedeutet ein bisschen was. Der Mann darf die Frau anschauen, mit ihr reden, seine Adresse geben, sie einladen, sagen: „Du gefällst mir."

○ Das bedeutet, die Frau will mit ihm etwas machen. Der Mann muss die Frau nicht fragen. Er kann die Frau anfassen, sie küssen, mit der Frau nach Hause gehen.

Text in Ihrer Sprache

b Lesen Sie den Text. Vergleichen Sie dann Ihre Lösungen in b.

- Eine unbekleidete oder kaum bekleidete Person ist in Österreich und in ganz Europa wie eine bekleidete Person. Das gilt grundsätzlich für Frauen und Männer.
- Wenn eine Frau unbekleidet ist, gilt das somit in keinster Weise als Einladung für einen Mann.
- Weder angezogen noch nackt dürfen Frauen von Männern belästigt werden. Sie dürfen an keinem Ort, weder in ihrer Wohnung noch in der Wohnung eines Mannes, noch auf der Straße, in U-Bahnen oder in anderen öffentlichen Verkehrsmitteln, weder auf Straßenfesten noch anderen öffentlichen Festen angefasst, berührt, bedrängt werden.
- Jeder Körperkontakt ist ohne eindeutige Einwilligung der Frau verboten. Dabei muss man beachten, dass die Einwilligung von Frauen, die betrunken sind, unter Rauschgift stehen oder aus einem anderen Grund nicht entscheidungsfähig sind, ungültig ist.
- Dieser Schutz gilt umgekehrt selbstverständlich auch für Männer.
- Alle Handlungen, die gegen diese Regeln verstoßen, können bei der Polizei angezeigt werden und werden gerichtlich bestraft. Je intensiver der ungewünschte Kontakt ist, desto höher fällt die Strafe aus.

c Wie ist das für Sie? Kreuzen Sie an. Sprechen Sie dann.

☺ ○ Ich verstehe das. Das ist für mich gar kein Problem.

😐 ○ Ich finde das nicht einfach. Aber ich verstehe das.

☹ ○ Ich verstehe das nicht. Frauen / … haben in Österreich oft ganz wenig an. Das ist für uns ein Problem.

Ich bin Afghanin. Ich verstehe die Menschen in Österreich nicht. Das ist nicht gut für die Frauen und nicht gut für die Männer. Ich gehe mit meinen Kindern an den See. Da sind dann Personen ohne Gewand. Frauen und Männer. Ich muss mit meinen Kindern wieder nach Hause gehen. Das finde ich nicht gut.

Ich verstehe das. Aber in meinem Heimatland ist das nicht so. Ich finde das nicht einfach.

Arbeitsblatt 26, Seite 3

3 Beim Arzt

a Sehen Sie das Foto an. Die Ärztin sagt: „Machen Sie sich bitte frei. Ich möchte Sie untersuchen.“ Was bedeutet das? Kreuzen Sie an. Vergleichen Sie.

○ A 

○ B 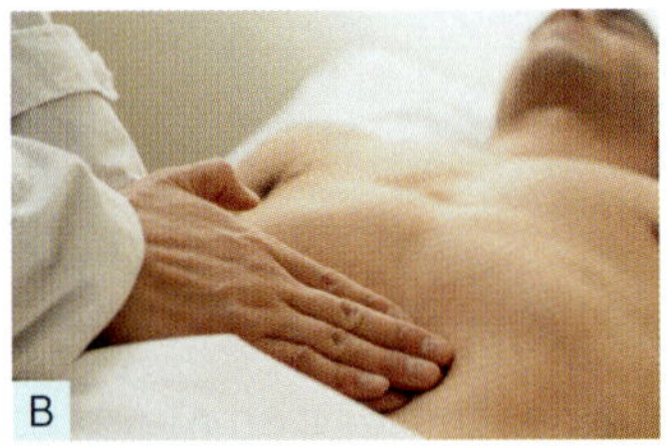

○ C 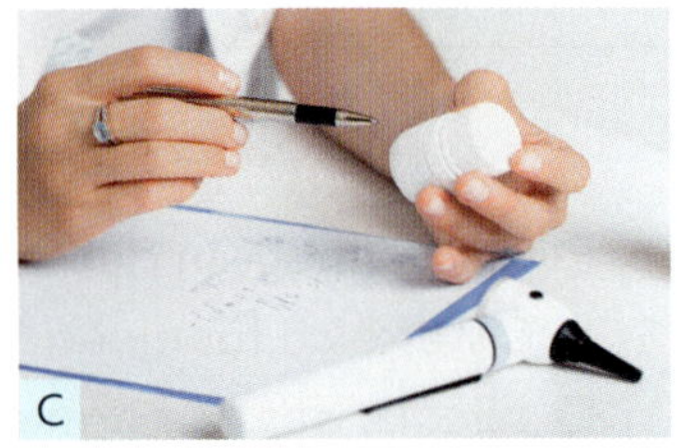

b Wie ist das für Sie? Kreuzen Sie an. Sprechen Sie.

- ☺ ○ Ich verstehe das. Das ist für mich gar kein Problem. Die Ärztin / Der Arzt muss das machen. Das ist gut für meine Gesundheit.
- 😐 ○ Das ist in meinem Heimatland nicht so. Ich finde das nicht einfach. Aber ich verstehe das.
- ☹ ○ Das ist sehr schwer. Ich möchte das nicht. Aber ich muss.
- ☹ ○ Das ist sehr schwer. Ich darf nicht allein zum Arzt. Mein Mann möchte das nicht.

4 Alltag in Österreich

a Ist das in Österreich so? Was meinen Sie? Ja oder Nein? Kreuzen Sie an. Vergleichen Sie mit den Lösungen.

1	Kleinkinder dürfen im Park ohne Gewand spielen.	○ Ja	○ Nein
2	Männer müssen nichts auf dem Kopf haben. Keinen Hut, keine Mütze, kein Tuch.	○ Ja	○ Nein
3	Niemand (keine Religion / keine Person / nicht die Eltern) darf sagen: „Du musst das anziehen.“ oder „Du darfst das nicht anziehen.“	○ Ja	○ Nein
4	In der Arbeit muss man am Arbeitsplatz oft Arbeitskleidung oder Schutzkleidung tragen.	○ Ja	○ Nein
5	Für viele Menschen in Österreich sind Burkas, Niqabs, Hijabs und Chadours fremd. Sie glauben, die Frauen müssen das tragen.	○ Ja	○ Nein

b Wie ist das für Sie? Sprechen Sie.

Nr. 1, das finde ich nicht so gut. Meine Kinder dürfen das nicht.

Nr. 4, das finde ich gut. Das ist richtig.

Ich finde das gut.
Ich finde das nicht gut.
Ich finde das interessant.
Das ist mir fremd.
Ja/Doch das stimmt.
Das ist für uns / mich / meine Frau / meine Tochter / meine Freundin / meinen Freund / ... ein Problem.

Nr. 5, ja, das stimmt. In meinem Heimatland ziehen viele Frauen ... an. Und hier in Österreich auch. Aber sie müssen das nicht.

Arbeitsblatt 27, Seite 1

1 Religion: Orte

a Wohin gehen die Personen? Ordnen Sie zu. Vergleichen Sie.

1 Buddhisten | 2 Katholische Christen | 3 Evangelische Christen | 4 Mitglieder der israelitischen Kultusgemeinden | 5 Mitglieder islamischer Glaubensgemeinschaften

◯ A

◯ B

◯ C

◯ D

◯ E

b Wer feiert was? Ordnen Sie aus a zu. Vergleichen Sie.

a ◯ Vesakh-Fest – Feiertag zu Ehren von Buddha

b ◯ Jom Kippur – Versöhnungstag

c ◯ ◯ Weihnachten – Fest der Geburt Jesu Christi

d ◯ Ende des Fastenmonats Ramadan

2 Religion, Feste und Feiertage

a Welche Religion oder Religionen kennen Sie aus Ihrem Heimatland? Welche Feste/Feiertage feiert man? Notieren Sie in Ihrer Muttersprache. Schreiben Sie dann die Übersetzung.

....

b Wählen Sie einen Feiertag aus a aus. Was macht man an diesem Tag? Notieren Sie und/oder zeigen Sie Bilder (Fotos/Internet). Sprechen Sie.

spezielle Speisen kochen / essen | tanzen | es gibt Geschenke für die Kinder /... | Freunde besuchen | Familien/Freunde feiern zusammen | in die Kirche / die Moschee / den Tempel / die Synagoge / ... gehen | zusammen / viel kochen | draußen feiern | vorher fasten (nichts essen / spezielle Speisen nicht essen) | singen | spezielles Licht (Kerze/n / Laterne/n / Fackeln) | nicht arbeiten / frei haben / Ferien haben | die Geschäfte / Schulen / Firmen haben geschlossen | ...

Ich komme aus ... Unsere Religion ist ... Wir feiern ... Das Fest ist sehr wichtig. Wir ...

Wir feiern ... Wir ... auch ... Das ist interessant.

Am ... haben wir frei. Aber wir feiern das nicht.

Arbeitsblatt 27, Seite 2

3 Feiertage in Österreich

Text in Ihrer Sprache

a Lesen Sie den Text. Sind die Aussagen 1–7 richtig (r) oder falsch (f)? Kreuzen Sie an.

Welche Tage gesetzliche Feiertage sind, ist gesetzlich geregelt (Bundesrepublik / einzelne Länder). In der Regel sind gesetzliche Feiertage arbeitsfreie Tage (wenn durch den Beruf / den Arbeitsvertrag nicht anders geregelt, wie z. B. bei Krankenschwestern im Krankenhaus). An diesen Tagen sind auch die Geschäfte, Schulen, Universitäten geschlossen, an manchen Feiertagen gibt es aber nur Unterrichtsfrei. In Österreich gibt es mehr katholische gesetzliche Feiertage als nationale gesetzliche Feiertage. Der „Nationalfeiertag" ist der wichtigste nationale Feiertag: Er ist am 26. Oktober. An diesem Tag feiern die Österreicher ihre Bundesverfassung, in der die immerwährende Neutralität ihres Landes verankert ist. Ein weiterer wichtiger Feiertag ist der 1. Mai, der „Staatsfeiertag". An diesem Gedenktag zur österreichischen Verfassung wird aber eher der „Maibaum" bzw. der „Tag der Arbeit" gefeiert.

Jede Person darf ihre Religion frei wählen oder ohne Religion leben. Der Staat fragt nicht: „Was haben Sie am Feiertag gemacht."

Zusätzliche Regelungen für arbeitsfreie Tage gibt es für Angehörige anderer Religionen (Karfreitag für evangelische Kirchen, Jom Kippur für israelitische Glaubensgemeinschaften) sowie unterrichtsfreie Tage für Kinder anderer Religionen und anerkannter Religionsgemeinschaften. Diese müssen aber mit Schulleitungen und Arbeitgebern besprochen werden.

	richtig	falsch
1 Die Kirchen (Religionen) sagen, welcher Tag ein gesetzlicher Feiertag ist.	○	○
2 An gesetzlichen Feiertagen müssen die Menschen nicht arbeiten (aber bei manchen Berufen geht das nicht).	○	○
3 An gesetzlichen Feiertagen sind die Schulen, die Geschäfte geschlossen.	○	○
4 Es gibt nur katholische gesetzliche Feiertage.	○	○
5 An kirchlichen Feiertagen müssen alle Menschen in die Kirche gehen.	○	○
6 Der Staat sagt, was man an den nationalen Feiertagen machen muss.	○	○
7 Eine Person hat eine andere Religion. Sie muss fragen, wann sie frei haben kann und wann ihre Kinder frei haben können.	○	○

b Gruppenarbeit. Nehmen Sie einen österreichischen Kalender mit Feiertagen. Markieren Sie die Feiertage. Welche kennen Sie? Sprechen Sie.

Am 24. Dezember feiern viele Menschen in Österreich Weihnachten. Das kenne ich. Aber wir feiern das nicht.

Text in Ihrer Sprache

6,2 Millionen Menschen in Österreich sind Christen. Dazu gehören die römisch-katholische, die orthodoxe und die evangelische Kirche. Die römisch-katholische ist mit 5,3 Millionen Mitgliedern von 8,7 Millionen Einwohnern die größte. Aber nicht alle Christen sind aktive Mitglieder ihrer Kirche.

c Gruppenarbeit: Welche Religion haben Sie? Markieren Sie Ihre Feiertage im Kalender und sprechen Sie.

Arbeitsblatt 28, Seite 1

1 Gastgeschenke

a Sie sind in Ihrem Heimatland zum Abendessen eingeladen. Bringen Sie ein Gastgeschenk mit? Und was? Notieren Sie und sprechen Sie.

....

b Was darf man in Ihrem Heimatland gar nicht schenken? Notieren Sie und sprechen Sie.

....

c Sie sind in Österreich zum Abendessen eingeladen. Sie möchten ein Gastgeschenk mitbringen. Sie kennen die Familie nicht so gut. Was bringen Sie mit? Notieren Sie.

A 

B 

C 

D 

E 

F 

G 

H 

I 

J 

K 

L 

M 

N Spezialitäten aus Ihrem Heimatland ...

....

Text in Ihrer Sprache

d Lesen Sie den Text. Passt Ihr Gastgeschenk aus c? Warum? Warum nicht? Sprechen Sie.

Normalerweise sind Gastgeschenke in Österreich nicht teuer und haben eher symbolischen Charakter. Man schenkt keine teuren Dinge. Alkohol schenken ist in Österreich unter Erwachsenen normal, außer man weiß, dass die Person keinen Alkohol trinkt. Vermeiden Sie einen „Geschenkewettstreit“.

Mein Geschenk ist F. Das passt nicht. Das ist zu groß und zu teuer.

2 Auf Gastgeschenke reagieren. Lesen Sie die Sprechblasen. Welches Geschenk aus 1c passt? Notieren Sie den Buchstaben.

1 ○ *Vielen Dank. Die Blumen sind sehr schön. Ich mag Blumen sehr.*

2 ○ *Ein Wein aus Ihrem Heimatland. Vielen Dank. Den probiere ich gern.*

3 ○ *Oh danke. Die sind sicher sehr gut. Vielen Dank.*

3 Gastgeschenke in Österreich? Wie finden Sie das?

☺ ○ Gut. Man sagt mit dem Geschenk: „Danke für die Einladung.“ Das Geschenk muss nicht groß sein. Es soll aber passen.

😐 ○ In meinem Heimatland sind Gastgeschenke groß. Hier in Österreich ist das anders. Für mich ist das fremd.

☹ ○ Nicht so gut. Ich meine, ich mache das nie ganz richtig. Ich verstehe das nicht.

Arbeitsblatt 28, Seite 2

4 Danke sagen mit einem Geschenk. Lesen Sie die Situationen. Was könnten Sie mitbringen? Ordnen Sie ein Geschenk aus 1c zu.

1 Sie waren zwei Tage krank. Ihre Nachbarin hat für Sie und Ihre Kinder gekocht. ◯

Vielen Dank. Ich hatte ein großes Problem. Sie haben mir sehr geholfen. Danke noch einmal.

2 Ein Nachbar hat für Sie ein Paket angenommen. ◯

Vielen Dank. Das Paket war sehr wichtig. Das war sehr lieb von Ihnen.

3 Eine Nachbarin hat für den Hausbesorger die Tür aufgemacht. ◯

Vielen Dank. Ich muss arbeiten und kann nicht zu Hause bleiben. Das war sehr nett von Ihnen.

4 Eine Nachbarsfamilie hat auf Ihre Kinder aufgepasst. Sie sind zum Elternabend in die Schule gegangen. ◯

Vielen Dank. Der Termin war sehr wichtig. Da gibt es viele Informationen für die Eltern. Und für uns ist die Schule in Österreich noch sehr neu. Vielen, vielen Dank.

Arbeitsblatt 29, Seite 1

1 Nach dem Hausfest

a Was liegt da? Was muss in den Müll? Kreuzen Sie an.

A
○ Speisereste

B
○ Papierverpackungen, Servietten

C
○ Plastik

D
○ Dosen

E
○ Flaschen, Gläser

F
○ Mehrwegflaschen aus Plastik

G
○ Pappteller, Pappbecher

H
○ Plastikbesteck

I
○ Batterien

b Gruppenarbeit. Was aus a kommt wohin? Ordnen Sie zu. Was passt nicht? Markieren Sie in a. Sprechen Sie.

1
Restmüll

2
Altpapier

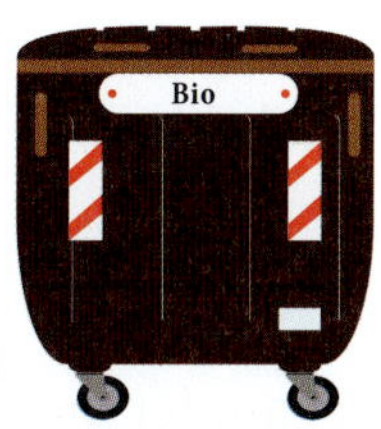

3
Bio

4
Metall / Dosen

5
Plastik/Plastikflaschen

6
Weißglas

7
Buntglas

E kommt in Nummer 6 und 7.

c Warum machen das die Menschen in Österreich? Sprechen Sie.

Regeln lieben | die Natur lieben | etwas für die Natur / die Umwelt machen | aus alten Sachen neue Sachen machen | ...

d Müllprobleme. Wie ist das in Ihrem Heimatland? Was machen Sie mit Ihrem Müll? Sprechen Sie.

In meinem Heimatland gibt es .... Wir haben ...

Arbeitsblatt 29, Seite 2

2 Was mache ich mit ...?

a Sie haben ein Smartphone (A). Das ist kaputt. Sie haben ein Sofa (B). Das ist alt. Was machen Sie? Ordnen Sie zu. Vergleichen Sie.

1 ○ ○ Ich stelle es auf die Straße.
2 ○ ○ Ich tue es in die „Restmülltonne".
3 ○ ○ Ich schreibe eine Anzeige.
4 ○ ○ Ich rufe das „Misttelefon" an und frage.
5 ○ ○ Ich rufe die Polizei an und frage.
6 ○ ○ Ich frage meine Nachbarn oder den Hausbesorger.
7 ○ ○ Ich bringe es zum Recyclinghof/Wertstoffhof.

> Müll heißt in Österreich auch Mist. Haben Sie ein Müllproblem? Dann rufen Sie das Misttelefon an. Die Beraterinnen und Berater helfen Ihnen.

b Recherchieren Sie. Wie geht das mit dem Müll in Ihrem Kursort? Sprechen Sie.

Hier gibt es keine Tonnen. Hier gibt es den gelben Sack.

Ja. Der ist für ...

c Recherchieren Sie: Hat Ihr Kursort eine Homepage zur Mülltrennung? Gibt es da auch ein Infoblatt? Vielleicht kann das jemand ausdrucken? Lesen Sie die Informationen gemeinsam im Kurs.

d Wie finden Sie die Mülltrennung in Österreich? Schreiben Sie und sprechen Sie.

☺ ○ Ich finde das gut. Das ist gut für die Natur und für uns.
😐 ○ Ich verstehe das. Aber man braucht viel Platz zu Hause und viel Zeit.
☹ ○ Ich verstehe das nicht. Müll ist Müll. Mülltrennung macht nur Arbeit.

Ich finde die Mülltrennung super.

Arbeitsblatt 30, Seite 1

1 Freiheit

Text in Ihrer Sprache

a Lesen Sie den Text. Lesen Sie dann die Aussagen. Was meinen Sie? Sind die Aussagen richtig? Ja oder nein? Kreuzen Sie an.

> Auch in Österreich, wie in allen anderen EU-Ländern auch, schützen die Gesetze das Prinzip der Freiheit. Wie, das ist in vielen verschiedenen Gesetzen geregelt. Die Freiheit bezieht sich u. a. auf das private Leben: Haushalt, Ehe, Beruf, Vermögen, Recht auf Bildung usw. Sie bezieht sich auf die Religionsfreiheit, auf die Meinungs- und Pressefreiheit, die Versammlungs- und Vereinsfreiheit, die Gewaltfreiheit und das Briefgeheimnis. Wichtig dabei ist die Geschlechterneutralität und die ethnische Gleichstellung (vor Gericht und im öffentlichen sowie privaten Leben). Verboten ist grundsätzlich, was diesen Gesetzen nicht entspricht, der Öffentlichkeit bzw. dem Einzelnen schadet / Schaden zufügt oder die Freiheit des Einzelnen einschränkt.

Das bedeutet Freiheit in Österreich für mich:	Ja	Nein
1 Ich weiß: So will ich leben. Und so lebe ich auch: allein, mit einem Mann oder mit einer Frau zusammen.	○	○
2 Ich bekomme ein Kind, wenn ich das will (Frauen).	○	○
3 Sex haben? Das entscheiden die Personen immer gemeinsam.	○	○
4 Ich lasse mich scheiden, wenn ich das will.	○	○
5 Ich wähle meinen Schulabschluss. Ich will einen Beruf lernen. Dann lerne ich den Beruf. Aber ich muss Prüfungen machen.	○	○
6 Wo will ich leben? Ich wähle das Bundesland / die Stadt / …	○	○
7 Ich lese meine Bücher, ich sehe meine Filme, ich höre meine Musik.	○	○
8 Ich esse, was ich mag.	○	○
9 Gefällt mir eine Partei? Dann wähle ich diese Partei. Ich entscheide das.	○	○
10 Gefällt mir eine Religion? Dann wähle ich diese Religion. Ich entscheide das.	○	○
11 Ich darf immer eine eigene Meinung zur Politik, zu Politikern, zur Religion haben. Ich kann mich frei informieren.	○	○
12 Ich habe und sage meine Meinung über die Politik / die Politiker.	○	○
13 Ich kann in meiner Freizeit tun, was ich will. Ich wähle mein Hobby frei.	○	○
14 Ich male und zeichne frei. Das Thema wähle ich.	○	○
15 Ich habe Pflichten. Das muss ich akzeptieren.	○	○
16 Ich muss die Gesetze akzeptieren. Auch, wenn ich sie nicht gut finde.	○	○
17 Freiheit ist für alle Menschen in Österreich gleich.	○	○
18 Das Leben in Österreich folgt den Gesetzen in Österreich. Die Regeln von Religionen sind kein Gesetz.	○	○
19 Das Gesetz sagt: Ich darf etwas. Dann dürfen das alle anderen Menschen in Österreich auch.	○	○

b Vergleichen Sie Ihre Lösungen mit den Lösungen.

c Wie ist das in Ihrem Heimatland? Welche Aussagen (1–18) in a sind auch so, was (1–18) ist anders? Sprechen Sie.

Tut mir leid, das kann ich nicht vergleichen.

Das ist alles ganz anders.

Bei uns ist die Religion sehr wichtig. Das bedeutet, …

Arbeitsblatt 30, Seite 2

d Welche Aussagen in a sind für Sie besonders wichtig? Sprechen Sie.

Nein, tut mir leid, das kann ich nicht beantworten.

Ich finde 1 sehr gut. Ich bin homosexuell und kann hier frei leben.

Das Leben in Österreich ist ganz anders. Ich kann nicht sagen, das ist wichtig, das ist nicht wichtig. Es ist ganz anders.

Für mich ist die Religion sehr wichtig. Das bedeutet, die Aussage 18 ist für mich und meine Familie ein Problem. Und wir haben noch keine Lösung.

2 Meinungsfreiheit und Schutz der Freiheit (Gesetze)

a Wie heißen die Wörter in Ihrer Sprache? Suchen Sie diese Wörter im Wörterbuch und schreiben Sie.

ausgrenzen ……………………………………

verleumden ……………………………………

hetzen ……………………………………

beleidigen ……………………………………

bedrohen ……………………………………

zwingen ……………………………………

Gewalt anwenden ……………………………………

Text in Ihrer Sprache

b Lesen Sie den Text. Was bedeutet das? Was darf man sagen? Was darf man nicht sagen? Kreuzen Sie an.

In Österreich darf man immer seine Meinung sagen. Das ist ein ganz zentraler Wert! Das sagt auch das Gesetz. Man darf aber keine Person, keine ethnische Minderheit, kein Geschlecht, keine Menschen mit Behinderung, also niemanden ausgrenzen, beleidigen, bedrohen, verleumden und gegen niemanden hetzen und Gewalt anwenden.

○ Ich darf sagen: ○ Ich darf nicht sagen:	„Der Politiker ist schlecht. Ich finde, er arbeitet nicht gut.“
○ Ich darf sagen: ○ Ich darf nicht sagen:	„Der Politiker darf kein Politiker sein. Er ist krank. Er kann nicht laufen.“
○ Ich darf sagen: ○ Ich darf nicht sagen:	„Die Politikerin hat viele neue Ideen. Die finde ich nicht gut. Ich wähle die andere Partei.“
○ Ich darf sagen: ○ Ich darf nicht sagen:	„Der Politiker ist christlich. Alle christlichen Personen müssen weg. Das ist eine schlechte Religion.“
○ Ich darf sagen: ○ Ich darf nicht sagen:	„Ich finde die Politikerin nicht gut. Denn sie ist evangelisch. Und sie tut zu wenig für Menschen mit anderen Religionen.“
○ Ich darf sagen: ○ Ich darf nicht sagen:	„Wir müssen Gewalt anwenden. Denn dieser Politiker ist gut. Aber viele Leute finden seine Ideen nicht gut und sie wählen ihn nicht. Wir müssen die Leute zwingen.“
○ Ich darf sagen: ○ Ich darf nicht sagen:	„Dieser Politiker muss weg. Er ist Ausländer. Seine Eltern kommen aus Asien.“

Arbeitsblatt 30, Seite 3

c Vergleichen Sie die Lösungen im Kurs.

d Lesen Sie die Aussage. Sie denken, die Aussage ist falsch. Was antworten Sie? Kreuzen Sie an.

Religion ist nicht wichtig.

- ○ *Ich habe da eine ganz andere Meinung.*
- ○ *Meine Meinung zu diesem Thema ist da etwas anders.*
- ○ *Ich meine, das ist nicht richtig.*
- ○ *Also, ich denke, das ist anders. Willst du das hören?*
- ○ *Da denke ich ganz anders. Soll ich das erklären?*
- ○ *Nein, das glaube ich nicht. Warum denkst du das? Kannst du mir das sagen?*
- ○ *Für mich ist Religion wichtig, denn / weil …*

Viele Personen denken und sagen Dinge, die man nicht gut findet. Freiheit bedeutet, mit anderen Personen sprechen. Diese Redemittel können sie sagen.

Arbeitsblatt 31

Demokratie

a Was bedeutet Demokratie? Sehen Sie die Abbildung an. Was ist richtig? Kreuzen Sie an.

1 ○ Nur Männer wählen in Österreich die Personen, die die Gesetze machen.

2 ○ Frauen und Männer ab 16 Jahren wählen die Personen, die die Gesetze machen.

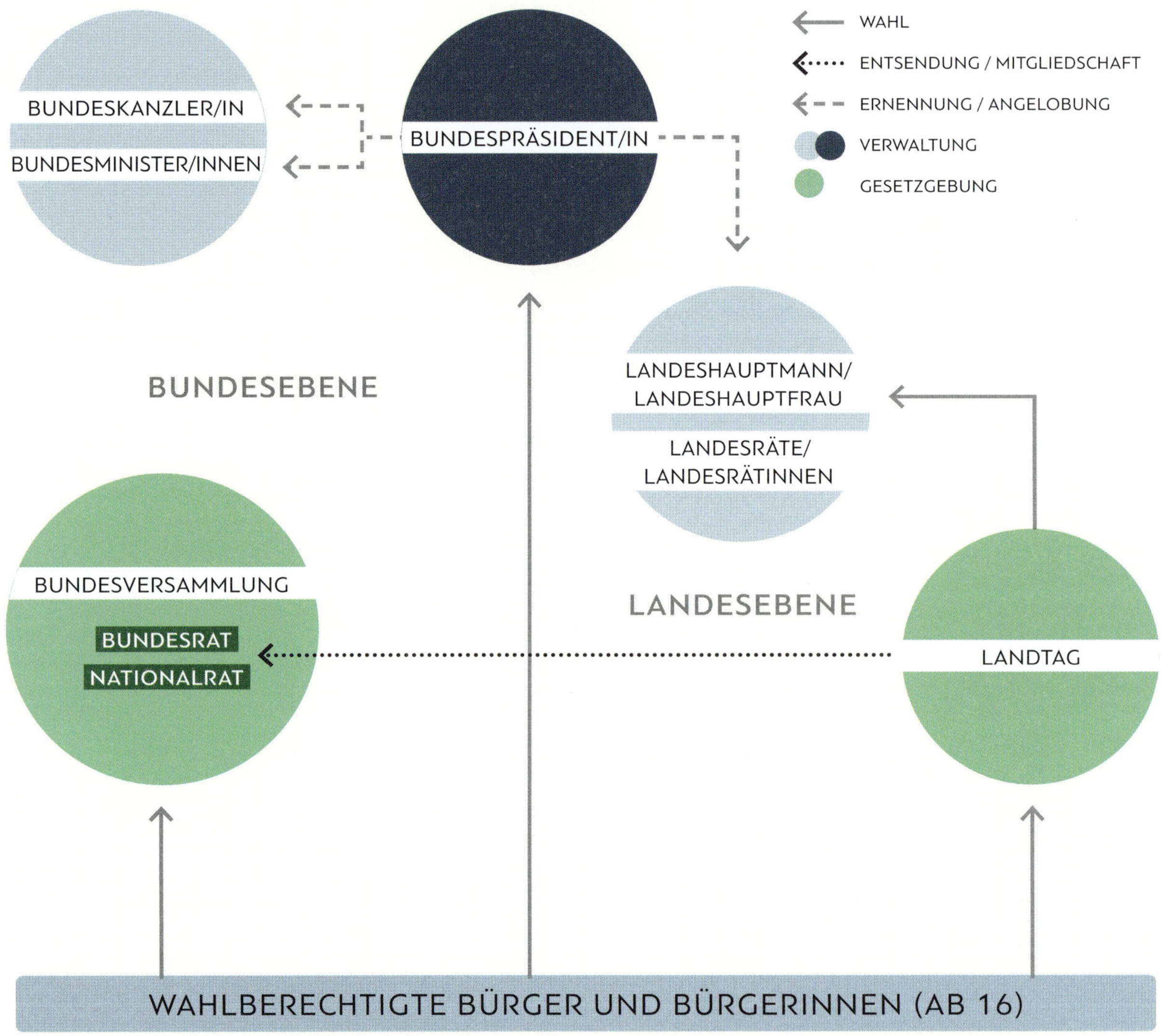

b Wer macht was? Ordnen Sie die Farben aus der Grafik in a zu. Vergleichen Sie.

A Grün B Blau

1 ○ Diese Personen sind verantwortlich für die Gesetze in Österreich.

2 ○ Diese Personen sind verantwortlich für die Organisation im Staat (Österreich).

Arbeitsblatt 32

Gewaltenteilung – Gerichtsbarkeit

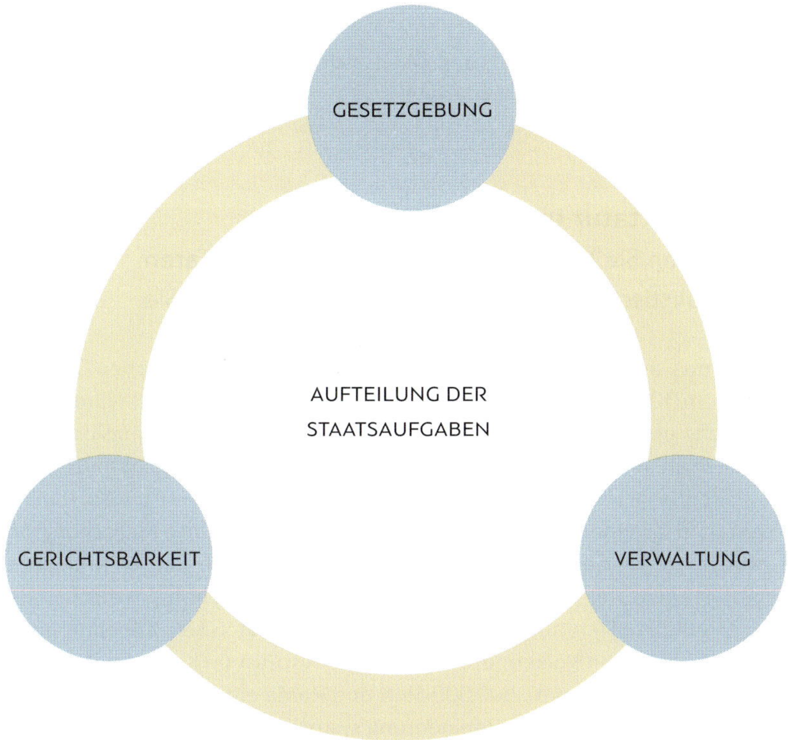

Text in Ihrer Sprache

a Verwaltung, Gerichtsbarkeit und Gesetzgebung sind unabhängig. Lesen Sie den Text.

Verantwortlich für die Sicherheit von jeder Person in Österreich ist der Staat. Die staatliche Macht ist in Österreich verteilt: Gesetzgebung, Verwaltung, Gerichtsbarkeit. Deshalb können Personen Aufgaben mit viel Verantwortung und Macht bekommen, aber sie können keine persönliche Macht jenseits der Gesetze, der politischen Struktur bekommen. Somit ist jede Person in Österreich vor Machtmissbrauch geschützt.

b Was meinen Sie. Sind die Aussagen 1–5 richtig (r) oder falsch (f)? Kreuzen Sie an und vergleichen Sie.

	richtig	falsch
1 Es gibt die Gesetze. Die Verwaltung und die Gerichtsbarkeit müssen sich an die Gesetze halten.	○	○
2 Ein Bundespräsident / eine Bundespräsidentin kann sagen, dass jemand ins Gefängnis soll.	○	○
3 Jeder wird in Österreich vor dem Gesetz gleich behandelt.	○	○
4 Gerichtsbarkeit, Verwaltung und Gesetzgebung sind voneinander unabhängig.	○	○
5 Nur Bundespräsident/in und Bundeskanzler/in müssen sich nicht an die Gesetze halten.	○	○

Arbeitsblatt 33, Seite 1

1 Die Freiheit ist für alle Menschen.

Text in Ihrer Sprache

Lesen Sie: Das ist in Österreich verboten, denn die Freiheit ist für alle Menschen.

Billigung, Leugnung, Verharmlosung des Holocaust ist in Österreich per Gesetz verboten. Hier ist eine genaue Grenze der persönlichen freien Meinungsäußerung.

2 Die nationalsozialistische Diktatur unter Hitler

Text in Ihrer Sprache

Lesen Sie den Text. Was meinen Sie? Welche zwei Fotos zeigen die Taten und Folgen der nationalsozialistischen Diktatur am besten? Sprechen Sie.

Die Zeit des Nationalsozialismus, die Regierung und Diktatur der Nationalsozialistischen Deutschen Arbeiterpartei (NSDAP) dauerte vom 30. Januar 1933 bis zum 8. Mai 1945. Am 30. Januar wurde Hitler in Deutschland zum Reichskanzler ernannt, der 8. Mai 1945 ist das Datum der bedingungslosen Kapitulation der Wehrmacht vor den Alliierten und ihren Verbündeten. Die Zeit des Nationalsozialismus zeichnet sich durch eine menschenverachtende rassistische Ideologie aus: Deren Grundlage war die Vorstellung von der Ungleichheit der Menschen, d. h. alle Menschen wurden in wertvolle und wertlose Menschengruppen eingeteilt. Den „wertlosen Menschen" wurden die Menschenrechte aberkannt, sie wurden enteignet, beraubt, zur Zwangsarbeit herangezogen und viele wurden nach Folterungen, Hunger, unmenschlichen Behandlungen in Gaskammern nach einem detailliert ausgearbeiteten Plan ermordet. 6 300 000 europäische Juden wurden in diesem nationalsozialistischen Völkermord Opfer des Holocaust (in Konzentrationslagern in Gaskammern ermordet und vollständig verbrannt), 500 000 Sinti und Roma ermordet (Porajmos), mindestens 100 000 Menschen mit geistiger und körperlicher Behinderung systematisch den Familien entzogen und unter Qualen ermordet, ebenso Personen, die sich der Ideologie widersetzten. In der Sowjetunion ließen die deutschen Besatzer geschätzt 4 200 000 Menschen gezielt verhungern, 3 100 000 sowjetische Soldaten starben in deutscher Kriegsgefangenschaft. Zu diesen 14 200 000 Menschen kommen noch die vielen Menschen, die direkt oder indirekt Opfer der Kriege wurden, die die Hitler-Diktatur angefangen hatte. Ideologische Grundlage des nationalsozialistischen Denkens und Handelns war das Buch von Adolf Hitler: Mein Kampf.

A

Schuhe von verbrannten Juden im Konzentrationslager

B

Konzentrationslager

C

Die Besetzung von Paris

D

Transportzug mit Juden zu einem Konzentrationslager

E

Gefangene im Konzentrationslager

F

Sowjetische Front

Arbeitsblatt 33, Seite 2

G Hitlerjugend

H Eine von vielen zerstörten Städten

Ich meine, Bild A und ...

3 Die Zeit des Nationalsozialismus und Österreich

Text in Ihrer Sprache

a Lesen Sie.

Hitler wurde am 20.4.1889 in Braunau Österreich-Ungarn geboren.

1938: „Anschluss“ Österreichs an das nationalsozialistische Deutschland (Hitler-Deutschland). Millionen Menschen in Österreich jubeln Hitler zu.

Endlich heißt der Dr. Karl Lueger-Ring Universitätsring.

Dr. Karl Lueger, 1844–1910,
Wiener Politiker, legte mit seinem Antisemitismus die ideologischen Grundlagen für Hitlers Ideologie in „Mein Kampf“.

In Österreich hat man lange nicht über die Zeit zwischen 1938 und 1945 gesprochen. Österreich hat sich selbst lange offiziell als „das erste Opfer Hitlers“ gesehen (Anschluss 1938), auch in den Schulen wurde lange nicht über die Verbrechen dieser Zeit gesprochen. Das hat sich in den letzten Jahrzehnten aber geändert. Es gibt heute eine große Zahl von Projekten, Publikationen, Forschungen, die sich sehr kritisch auch mit der aktiven Rolle Österreichs und vieler Menschen in diesem Land auseinandersetzen, die den Nationalsozialismus aktiv betrieben haben und der menschenverachtenden Ideologie gefolgt sind. Mit Hitler assoziiert man heute in erster Linie Millionen Tote, Hass und Intoleranz.
Er gilt in Österreich als der größte Verbrecher und Massenmörder der nationalen Geschichte. Was immer er gemacht hat, es diente nur einem Endzweck: der Ausrottung der als „wertlos“ angesehenen Bevölkerungsgruppen, d.h. der Juden, Sinti und Roma sowie politischer Gegner und Andersdenkender.

Text in Ihrer Sprache

b Das wissen Sie schon. Lesen Sie noch einmal. Welche Sätze (1–9) über die Zeit des Nationalsozialismus und über Hitler darf man in Österreich nicht sagen? Kreuzen Sie an.

Billigung, Leugnung, Verharmlosung des Holocaust ist in Österreich per Gesetz verboten. Hier ist eine genaue Grenze der persönlichen freien Meinungsäußerung.

1 ○ Die Zeit des Nationalsozialismus war eine Zeit der Unmenschlichkeit.
2 ○ Hitler war ein großer Feldherr.
3 ○ Hitler war der größte Verbrecher der Geschichte.

Arbeitsblatt 33, Seite 3

4 ○ Nicht alles in der Zeit des Nationalsozialismus war schlecht. Es gab keine Arbeitslosigkeit. Wir hatten Arbeit. Wir hatten nachts keine Angst. Es gab keine Verbrecher.
5 ○ Im Prinzip hatte Hitler ja recht. Und jeder macht auch Fehler.
6 ○ Die Kritik ist heute einfach übertrieben.
7 ○ Das mit den KZs (Konzentrationslagern) stimmt wahrscheinlich gar nicht.
8 ○ Die Juden waren schon auch selber schuld.
9 ○ Die jüdischen Überlebenden und ihre Nachkommen leiden noch immer unter den Folgen des Holocaust.

c „Mein Kampf" von Adolf Hitler zeigt das Denken von Adolf Hitler. Alle seine Ideen, Gedanken stehen in dem Buch. Was meinen Sie? Welche Aussagen 1–6 sind richtig? Kreuzen Sie an. Sprechen Sie.

1 ○ Bis Ende 1944 gab es 12 400 000 Bücher von „Mein Kampf".
2 ○ Seit 2016 gibt es in Deutschland das Buch „Mein Kampf" mit vielen Erklärungen.
3 ○ Hitler hat mit „Mein Kampf" 1925–1945 12 000 000 Reichsmark (100 000 Euro) verdient.
4 ○ 2007: „Mein Kampf" ist in der Türkei verboten.
5 ○ In Indien kann man Hitlers „Mein Kampf" (gekürzt) überall kaufen.
6 ○ Die Ideen in dem Buch „Mein Kampf" sind auch heute noch gefährlich.

Ich meine, Aussage 6 ist ...

d Lesen Sie den Text. Kennen Sie Menschen, die Hitler gut finden? Warum kann das ein Problem sein? Diskutieren Sie im Kurs.

Text in Ihrer Sprache

Die „Wiederbetätigung", das heißt, die Fortsetzung der Politik der Nationalsozialisten und die Akzeptanz ihrer Ideologie, ist in Österreich heute verboten und wird entsprechend bestraft. Trotzdem gibt es einzelne Personen und Gruppierungen, die genau das machen.

Arbeitsblatt 34

Mein Leben in Österreich

a Was ist/war für Sie neu? Ergänzen Sie ☺, 😐 oder ☹ und schreiben Sie Notizen.

Regierung	Meinungsfreiheit
Familie	Leben von Frauen
Beruf / Arbeit	Leben von Männern
Gericht / Strafen	Essen
Schule	Sicherheit

b Wie ist das für Sie? Ergänzen Sie ☺, 😐 oder ☹ und schreiben Sie Notizen.

Regierung: ....

Meinungsfreiheit: ....

Familie: ....

Leben von Frauen: ....

Leben von Männern: ....

Beruf / Arbeit: ....

Gericht / Strafen: ....

Essen: ....

Schule: ....

Sicherheit: ....

c Was ist gut für Sie in Österreich? Was ist nicht so gut? Was ist schwer? Sprechen Sie mit Ihren Notizen aus b.

Quellenverzeichnis
Cover: © Strandperle/Naturbild AB
S. 13: 1, 13, 16, 18 © Thinkstock/iStock/Yakovliev; 2, 3, 5, 11, 12 © Thinkstock/iStock/Lindybug; 4 © Thinkstock/iStock/Naddiya; 6 © Thinkstock/iStock/Aghidel; 7, 8 © Thinkstock/iStock/adekvat; 9 © Thinkstock/iStock/shlemina; 10 © Thinkstock/iStock/Vladislav Klok; 14 © Thinkstock/iStock/-ALEKSA-; 15 © Thinkstock/iStock/Terriana; 17 © Thinkstock/iStock/Route55
S. 14: Frau © Thinkstock/iStock/kadmy
S. 15: A © Thinkstock/iStock/monkeybusinessimages; B © Thinkstock/Creatas; C © Thinkstock/iStock/ashclear; D © Thinkstock/iStock/JackF; E: Mann © Thinkstock/Photodisc, Liftknöpfe © Thinkstock/iStock/filip323; F © Thinkstock/Blend Images/John Lund
S. 16: Ü2: A © fotolia/kwarner; B © fotolia/Ralf Kleemann; C © fotolia/Fiedels; Ü3: Tanzen © Thinkstock/Blend Images/John Lund
S. 17: Noura © Thinkstock/iStock/Zurijeta
S. 19: © iStock/IPGGutenbergUKLtd
S. 23: Piktos: Pflanze © Thinkstock/iStock/-VICTOR-; Magnet, Glühbirne © Thinkstock/iStock; Tropfen © Thinkstock/iStock/Panptys; Pinsel, Farbpalette © Thinkstock/iStock/Skarin; Musiknoten © Thinkstock/iStock/bubaone; rennen, schwimmen © Thinkstock/iStock/arabes; Männchen Idee © Thinkstock/iStock/RaStudio; Hammer © Thinkstock/iStock/Oliver Hoffmann; Nadel © Thinkstock/iStock/puruan; Religion alle © Thinkstock/iStock/MF_vxw
S. 25: Mann © Thinkstock/iStock/monkeybusinessimages; Frau © Thinkstock/Goodshoot/Jupiterimages
S. 26: Foto © Thinkstock/iStock/zest_marina
S. 31: Foto und Fotoauszüge alle © PantherMedia/Marc Czieslick
S. 33: A © Thinkstock/iStock/monkeybusinessimages; B © Thinkstock/iStock/JackF; C © Thinkstock/iStock/ongap; D © Thinkstock/iStock/PM78; E © Thinkstock/iStock/wernerimages
S. 34: 1 © BM.I/Alexander Tuma; 2 © fotolia/EHammerschmid; 3 © fotolia/PictureP.; 4 © fotolia/stockpics; 5 © SVC/Foto Wilke; 6 © georg bodenstein/Österreichische Staatsdruckerei GmbH; 7 © ÖBB; 8, 12 © Hueber Verlag/Nina Metzger; 9 © fotolia/EHammerschmid; 10 © georg bodenstein/Österreichische Staatsdruckerei GmbH
S. 36: Ü1: A © Thinkstock/iStock/Wavebreakmedia; B © Thinkstock/iStock/JackF; C © Thinkstock/iStock/AntGor; D © Thinkstock/iStock/Andrey Popov; E © Thinkstock/iStock/Highwaystarz-Photography; F © Thinkstock/iStock/nensuria; Ü2: A © Thinkstock/iStock/Wavebreakmedia; B © Thinkstock/Digital Vision; C © Thinkstock/iStock/kzenon; D © Thinkstock/iStock/fiphoto
S. 37: © Thinkstock/Polka Dot Images
S. 42: A © Thinkstock/iStock/deyangeorgiev; B © Thinkstock/iStock/Ben_Gingell; C © Getty Images/iStock/Pixel_away; D © fotolia/nyul
S. 43: © iStock/Ivan Strba
S. 46: © Thinkstock/iStock/paolo81
S. 47: unten © Thinkstock/iStock/design56
S. 52: Ü1a: A © Thinkstock/iStock/kevers; B © Thinkstock/iStock/-zlaki-; C © Thinkstock/iStock/AndreyPopov; Ü1b: A © Thinkstock/iStock/Axel Bueckert; B © Thinkstock/iStock/AndreyPopov; C © Thinkstock/iStock/Dino Ablakovic; Ü3: Bankomatkarte © fotolia/PictureP.; Kreditkarte © iStock/grajte; Online-Banking © Thinkstock/iStock/Poike
S. 54: Ü1a/1 © Thinkstock/iStock/ksuklein; Ü1a/2: A, B © Thinkstock/iStock/bluebearry; C–E © Thinkstock/iStock/Annasunny; Ü1a/3: A–C © Thinkstock/iStock/Kubkoo; D–F © Thinkstock/iStock/Annasunny; Ü1b alle © Thinkstock/iStock/vectorikart
S. 55: A © Thinkstock/iStock/razyph; B Thinkstock/iStock/nito100
S. 56: A © Thinkstock/Creatas/Jupiterimages; B © Thinkstock/DigitalVision/Ryan McVay; C © Thinkstock/iStock/Erstudiostok
S. 57: Ü1a: A © Thinkstock/iStock/maylat; B © Thinkstock/iStock/sasimoto; C © Thinkstock/iStock/bettina sampl; D © fotolia/photo 5000; E © Glow Images/imagebroker.com; Ü1b: a © Thinkstock/iStock/Serge-Kazakov; b © Thinkstock/iStock/lipmic; c © fotolia/Fotowerk; d © Thinkstock/iStock/Pazhyna
S. 59: A © Thinkstock/iStock/mkos83; B © Thinkstock/iStock/dangrytsku; C © iStock/urfinguss; D © Thinkstock/iStock/DoroO; E © Thinkstock/iStock/serezniy; F © iStock/fjdelvalle; G © Thinkstock/Ingram Publishing; H © Thinkstock/iStock/Sapunovaphoto; I © Thinkstock/iStock/cizlawet; J © Thinkstock/iStock/JitkaUnv; K © Thinkstock/Zoonar/unknown; L © fotolia/Alexandra Karamyshev; M © Thinkstock/iStock/mg7
S. 61: Ü1a: A–F © Thinkstock/iStock/LironPeer; G © Thinkstock/iStock/mastaka; H © Thinkstock/iStock/Kameel; I © Thinkstock/iStock/petovarga; Ü1b alle © Thinkstock/iStock/gpetric
S. 68: Ü2: Adolf Hitler © Getty Images/PHOTOS.com; A © Getty Images/iStock/PocholoCalapre; B © Getty Images/Hemera/Krzysztof Szampera; C © Getty Images/PHOTOS.com; D © fotolia/Bergringfoto; E © epd-bild/akg-images; F © Thinkstock/iStock/Ivan Cholakov
S. 69: G © Thinkstock/Getty Images; H © Thinkstock/iStock/Kevin Russ; Ü3: Braunau © Thinkstock/iStock/OJ_Berlin; Anschluss Österreich © Glow Images/imagebroker.com; Universitätsring © ddp images

Bildredaktion: Nina Metzger, Hueber Verlag, München